创新驱动与转型发展丛书

浙江全面实施
创新驱动发展战略研究

徐明华　陈锦其　等◎著

中国社会科学出版社

图书在版编目(CIP)数据

浙江全面实施创新驱动发展战略研究 / 徐明华等著.
—北京：中国社会科学出版社，2015.9
ISBN 978-7-5161-6902-5

Ⅰ.①浙⋯ Ⅱ.①徐⋯ Ⅲ.①技术革新—作用—区域经济发展—研究—浙江省 Ⅳ.①F127.55

中国版本图书馆 CIP 数据核字(2015)第 220503 号

出 版 人	赵剑英	
责任编辑	冯春凤	
责任校对	张爱华	
责任印制	张雪娇	
出　　版	中国社会科学出版社	
社　　址	北京鼓楼西大街甲 158 号	
邮　　编	100720	
网　　址	http://www.csspw.cn	
发 行 部	010-84083685	
门 市 部	010-84029450	
经　　销	新华书店及其他书店	
印　　刷	北京君升印刷有限公司	
装　　订	廊坊市广阳区广增装订厂	
版　　次	2015 年 9 月第 1 版	
印　　次	2015 年 9 月第 1 次印刷	
开　　本	710×1000　1/16	
印　　张	14.5	
插　　页	2	
字　　数	201 千字	
定　　价	55.00 元	

凡购买中国社会科学出版社图书，如有质量问题请与本社营销中心联系调换
电话：010-84083683
版权所有　侵权必究

党校文库编委会

主　任：王昌荣
副主任：徐明华　何显明
成　员：陈立旭　胡承槐　方柏华　王祖强
　　　　郭亚丁　董根洪　何圣东　林学飞

《创新驱动与转型发展丛书》编辑委员会

主　　编：徐明华
编委会成员（按姓氏笔划排序）：
　　　　包海波　陈锦其　张默含　徐竹青
　　　　徐梦周　徐蔼婷　谢　芳

目 录

导论 …………………………………………………………（ 1 ）

第一章 创新绩效：总体评价与提升思路 ………………（ 13 ）
 第一节 创新绩效评价基础 ………………………………（ 13 ）
 第二节 浙江科技创新绩效总体评估 ……………………（ 17 ）
 第三节 浙江科技创新投入产出绩效分析 ………………（ 25 ）
 第四节 提升浙江科技创新实效的对策思路 ……………（ 34 ）

第二章 创新资源：空间布局与配置效率 ………………（ 37 ）
 第一节 科技资源空间配置：现状描述与综合评价 ……（ 37 ）
 第二节 浙江科技资源空间配置效率：基于 DEA 的
    测度 …………………………………………（ 55 ）
 第三节 浙江科技资源空间配置效率：基于科技进
    步贡献率的测度 ……………………………（ 65 ）
 第四节 提升浙江科技资源空间配置效率的政策建议 …（ 72 ）

第三章 创新要素：多元集聚与高端引领 ………………（ 75 ）
 第一节 集聚创新要素的国际经验分析 …………………（ 75 ）
 第二节 浙江集聚创新要素的现状分析 …………………（ 85 ）
 第三节 浙江集聚高端创新要素的对策建议 ……………（ 96 ）

第四章 创新平台：有效整合与功能升级 ………………（ 99 ）
 第一节 创新平台建设的意义与国际经验 ………………（ 99 ）
 第二节 浙江科技创新平台建设的现状分析 ……………（108）
 第三节 浙江科技创新平台建设的问题分析 ……………（119）

第四节　推进浙江科技创新平台建设的对策建议 ……… (124)

第五章　创新体系：分类建设与分层优化 ……… (134)
　　第一节　创新体系与产业竞争力 ……… (134)
　　第二节　浙江省产业创新体系建设举措与问题分析 ……… (142)
　　第三节　发达国家和地区产业创新体系政策实践 ……… (153)
　　第四节　优化浙江省产业创新体系建设的思路与对策 ……… (158)

第六章　创新模式：资源整合与协同创新 ……… (163)
　　第一节　推进协同创新的现实背景 ……… (163)
　　第二节　协同创新的理论范式 ……… (167)
　　第三节　浙江协同创新模式及案例 ……… (174)
　　第四节　推进浙江协同创新的政策建议 ……… (185)

附录："实施创新驱动发展战略"专项研究系列报告 ……… (190)
报告一　对我省科技创新绩效的综合评估与分析 ……… (190)
报告二　关于推进两个科技城整合发展的建议 ……… (195)
报告三　2017年我省科技进步贡献率有望达到60% ……… (198)
报告四　关于分类优化我省重点产业技术创新体系
　　　　的建议 ……… (201)
报告五　关于有效推进协同创新的对策建议 ……… (204)
报告六　关于进一步引进培育创新载体的对策建议 ……… (208)
报告七　全面提升创新能力，推进创新驱动发展战略 ……… (211)
报告八　"实施创新驱动发展战略，打造浙江经济升
　　　　级版"研讨会综述 ……… (220)

后记 ……… (227)

导　论

　　党的十八大报告提出要实施创新驱动发展战略,强调科技创新是提高社会生产力和综合国力的战略支撑,必须摆在国家发展全局的核心位置。实施创新驱动发展战略,要充分认识新一轮产业变革带来的机遇和挑战,充分认识我国产业转型升级面临的新形势和新要求,采取切实有效的措施,在创新驱动中推进产业转型升级。

一　把握科技创新发展趋势,实施创新驱动发展战略

　　实现经济的现代化和中华民族的伟大复兴,是中国人民长久的历史愿望,也是中国共产党人长期为之奋斗的目标,为此,中国共产党人进行了长期艰苦的探索。但在改革开放以前,在当时特定的历史条件下,我国的社会主义现代化建设也几乎中断。中国共产党人对于中国现代化道路真正卓有成效的探索还是在1978年12月,党的十一届三中全会决定把全党工作重点转移到社会主义现代化建设上来之后,而对于科技创新在经济发展中的作用的认识以及与此相关的经济发展方式的探索,是一条贯穿始终的主线。

　　改革开放以来,我国根据自己的资源禀赋和比较优势,选择了由投资带动的要素驱动发展模式。这是与我国国情和发展阶段相适应的现实选择,在实践中取得了巨大成功,使我国进入了中等收入国家行列。当前,随着人口红利的逐步衰减和资源环境约束的强化,"高投入、高消耗、高污染、低质量、低效益"的经济发展模式已难以为继,不可能继续支撑我国向高收入国家迈进。国外的大

量实践也表明，如果一个国家没有随着发展阶段的转换及时转变发展方式，就很可能落入"中等收入陷阱"，使经济社会发展陷入长期停滞状态。为了避免落入"中等收入陷阱"，实现可持续发展，我国必须切换经济发展的主引擎，摆脱对物质生产要素的过度依赖，转入创新驱动的轨道。

2012年11月，明确提出实施创新驱动发展战略，并且强调科技创新是提高社会生产力和综合国力的战略支撑，必须摆在国家发展全局的核心位置。创新驱动发展，是中国经济转型升级、实现可持续发展的必由之路。把创新驱动发展战略落到实处，对于推动我国科技事业加快发展，重点突破制约我国经济社会可持续发展的瓶颈问题，有着重要指导意义。

2013年9月，中共中央政治局以实施创新驱动发展战略为题举行第九次集体学习。中共中央总书记习近平在主持学习时强调，实施创新驱动发展战略决定着中华民族的前途命运。全党全社会都要充分认识科技创新的巨大作用，敏锐把握世界科技创新发展趋势，紧紧抓住和用好新一轮科技革命和产业变革的机遇，把创新驱动发展作为面向未来的一项重大战略实施好。

习近平在主持学习时发表了重要讲话。他强调，科技兴则民族兴，科技强则国家强。党的十八大作出了实施创新驱动发展战略的重大部署，强调科技创新是提高社会生产力和综合国力的战略支撑，必须摆在国家发展全局的核心位置。这是党中央综合分析国内外大势、立足国家发展全局作出的重大战略抉择，具有十分重大的意义。习近平指出，当前，从全球范围看，科学技术越来越成为推动经济社会发展的主要力量，创新驱动是大势所趋。新一轮科技革命和产业变革正在孕育兴起，一些重要科学问题和关键核心技术已经呈现出革命性突破的先兆，带动了关键技术交叉融合、群体跃进，变革突破的能量正在不断积累。即将出现的新一轮科技革命和产业变革与我国加快转变经济发展方式形成历史性交汇，为我们实施创新驱动发展战略提供了难得的重大机遇。机会稍纵即逝，抓住了就是机遇，抓不住就是挑战。我们必须增强忧患意识，紧紧抓住和用好新一轮科技革命和产业变革的机遇，不能等待、不能观望、不能懈怠。习近平强调，从国内看，创新驱动是形势所迫。我国经济总量已跃居世界第二位，社会生产力、综合国力、科技实力迈上了一个新的大台阶。同时，我国发展中不平衡、不协调、不可持续问题依然突出，人口、资源、环境压力越来越大。物质资源必然越用越少，而科技和人才却会越用越多。我们要推动新型工业化、信息化、城镇化、农业现代化同步发展，必须及早转入创新驱动发展轨道，把科技创新潜力更好释放出来，充分发挥科技进步和创新的作用。

习近平指出，实施创新驱动发展战略是一项系统工程，涉及方方面面的工作，需要做的事情很多。最为紧迫的是要进一步解放思想，加快科技体制改革步伐，破除一切束缚创新驱动发展的观念和体制机制障碍。习近平就此提出五个方面的任务。一是着力推动科技创新与经济社会发展紧密结合。关键是要处理好政府和市场的关系，通过深化改革，进一步打通科技和经济社会发展之间的通道，让市场真正成为配置创新资源的力量，让企业真正成为技术创新的主体。政府在关系国计民生和产业命脉的领域要积极作为，加强支持和协调，总体确定技术方向和路线，用好国家科技重大专项和重大工程等抓手，集中力量抢占制高点。二是着力增强自主创新能力。关键是要大幅提高自主创新能力，努力掌握关键核心技术。当务之急是要健全激励机制、完善政策环境，从物质和精神两个方面激发科技创新的积极性和主动性，坚持科技面向经济社会发展的导向，围绕产业链部署创新链，围绕创新链完善资金链，消除科技创新中的"孤岛现象"，破除制约科技成果转移扩散的障碍，提升国家创新体系整体效能。三是着力完善人才发展机制。要用好用活人才，建立更为灵活的人才管理机制，打通人才流动、使用、发挥作用中的体制机制障碍，最大限度支持和帮助科技人员创新创业。要深化教育改革，推进素质教育，创新教育方法，提高人才培养质量，努力形成有利于创新人才成长的育人环境。要积极引进海外优秀人才，制订更加积极的国际人才引进计划，吸引更多海外创新人才到我国工作。四是着力营造良好的政策环境。要加大政府科技投入力度，引导企业和社会增加研发投入，加强知识产权保护工作，完善推动企业技术创新的税收政策，加大资本市场对科技型企业的支持力度。五是着力扩大科技开放合作。要深化国际交流合作，充分利用全球创新资源，在更高起点上推进自主创新，并同国际科技界携手努力为应对全球共同挑战作出应有贡献。[①]

正如习总书记指出，当今世界综合国力竞争的核心和焦点是科学技术。实现中华民族伟大复兴的中国梦，离不开强大的科技创新能力支撑。我们要把智慧和力量引导到依靠科技创新、实现创新驱动发展上来。广大科技人员要按照习总书记的指示精神，大力弘扬"两弹一星"精神和"载人航天"精神，以强烈的爱国情怀，牢固树立创新科技、服务国家、造福人民的思想，把科技成果应用在实现国家现代化的伟大事业中，把人生理想融入为实现中华民族伟大复兴的中国梦的奋斗中。[②]

二 实施创新驱动发展战略，加快转变经济发展方式

创新是加快转变经济发展方式的核心动力，是经济发展方式转变的关键，无论是经济发展的历史经验，还是经济理论的发展都证明了这一点。经过30多年发展，中国经济总量已跃居世界第二，制造业规模已经是世界第一。我国有钢材、彩电、摩托车、数码产品等170多类重要产品的产量位居世界第一，中国制造已享誉世界。然而，目前全世界有86%的研发收入、90%以上的发明专利都掌握在发达国家手里，控制着制造业的高端部分和各产业领域的

---

① 习近平：《敏锐把握世界科技创新发展趋势 切实把创新驱动发展战略实施好》，载《人民日报》2013年10月2日。
② 慎海雄：《真正把创新驱动发展战略落到实处》，载《瞭望》2013年第30期。

技术前沿，凭借科技优势和建立在科技优势基础上的国际规则，发达国家及其跨国公司形成了对世界市场高度的垄断，从而获取大量的超额利润。我国自主创新能力不强，产品附加值低，缺少自己的知名品牌和核心技术，经济增长的质量不高。因此，要从产业链的低端走向产业链的高端，从"中国制造"走向"中国创造"，关键在于提高科技创新能力。

第一，从经济增长的内在动力看，经济增长理论认为，经济增长主要由两类因素推动，一是要素的投入，主要是资本和劳力的投入；二是效率的提高，即更有效地利用所投入的要素。显然，效率的提高更重要。而效率提高的关键则是自主创新能力的提升。从过去的一个多世纪看，如果不考虑人口的自然增长，美国的经济增长和生产效率的提高一半以上要归因于各种形式的创新，包括新技术、新材料、新产品和新的生产过程的发明；新的融资方式、物流配送方式、产品或服务的销售方式的出现以及企业组织形式和管理方式的创新等。而1929年到1982年间，美国单位劳动力拥有的资本的增加对生产效率提高的贡献只有15%，远低于创新的贡献。

再看欧盟与美国的比较，20世纪90年代中期以来，欧盟和美国由于在创新方面存在的差距导致经济发展不平衡。在1995年以前，欧盟的经济增长速度落后于美国，但其劳动生产率却是高于美国的，这意味着GDP增速的差距主要是由于劳动力增长速度不同带来的。但是从1995年开始，欧盟无论是在GDP增长还是劳动生产率、全要素生产率的提高方面都开始显著地落后于美国。而且，从发展趋势看，美国劳动生产率的增长速度呈上升态势，而欧盟则恰好相反。欧盟同美国经济表现的这种差异目前仍在持续，这也是二战以来欧盟主要经济指标首次连续数年全面落后于美国。[①]

第二，从国家间的竞争特点看，正如习近平同志指出的，从全

---

① 刘向阳：《自主创新：从制造大国迈向制造强国的发动机》，载《发明与创新》2007年第7期。

球范围看，科学技术越来越成为推动经济社会发展的主要力量，创新驱动是大势所趋。一个国家只是经济体量大，还不能代表强。我们是一个大国，在科技创新上要有自己的东西。他强调，我们这么大的国家，不能做其他国家的技术附庸。我们引进技术，进行消化、吸收和创新，但不是什么东西都可以引进，关键技术要靠自己。即将出现的新一轮科技革命和产业变革与我国加快转变经济发展方式形成历史性交汇，为我们实施创新驱动发展战略提供了难得的重大机遇。机会稍纵即逝，抓住了就是机遇，抓不住就是挑战。我们必须增强忧患意识，坚定不移走中国特色自主创新道路，培养和吸引人才，推动科技和经济紧密结合，真正把创新驱动发展作为面向未来的一项重大战略落到实处。

第三，从我国未来发展的目标看，到2020年，要实现全面建设小康的目标，经济保持平稳较快发展，对于我国这样一个大的经济体来说，没有新的工业技术革命，没有以创新驱动作为发展的战略是不可想象的。目前，我国制造业的R&D投入强度只有0.9，而美国为3.3，日本为3.7，德国为2.4，英国为2.4，韩国为2.0。我国的科技进步贡献率大约在40%，全球排名前20位的创新型国家的科技进步贡献率在70%以上，美国则高达80%。我国的生产仍然是一种粗放式的生产，我国消费的原油、原煤、铁矿石、钢材、氧化铝、水泥等，分别占到了全世界消费总量的7%—40%，我国的自然资源对外依存度不断攀升，这意味着我国经济持续增长的物质动力和物质基础一方面越来越依靠不可再生的资源；另一方面也越来越依赖大量的进口原材料，这就使得我国经济运行的基础具有脆弱性。因此，要实现全面小康，就必须走新型工业化道路，建立新的工业化体系，这就必须依靠科技进步和自主创新来解决。

第四，从我国的产业技术竞争力看，我国的工业体系基本上是在引进的基础上建立起来的。由于我国巨大的市场拉动作用，我国企业在不同阶段都持续地采取了大规模引进技术以快速获得规模生产能力的方式来获取利润，这种几十年来的技术进步方式使我国的许多产业都缺乏自主的核心技术，而引进的这些技术往往都占据着我国产业的制高点。例如在我国大量的电视机生产中，芯片基本上都是进口的。集成电路领域的核心设备，基本上也都是引进的。我国自加入世界贸易组织以来，产业缺乏核心技术的现象，也是经济难以成为强国的一个重要制约因素。我国汽车、摩托车、农用机械、电池、电视、手机、整机及芯片、化工材料、医药、食品、文具等行业纷纷遭遇了涉外知识产权纠纷。最典型的就是我国在DVD方面由于缺乏核心专利技术，国外厂商已从我国公司出口全球的DVD播放机中收取了总数几十亿元的专利使用费。数字电视中使用的音频、视频解码技术也正在面临类似的困境。现在外国企业越来越多地将专利用于我国国内市场的竞争，进行大规模的专利"圈地"运动，在我国大量申请专利，以实现其最大限度地占领我国市场、垄断技术的战略目标，将我国的制造业变成他们的廉价加工厂。

20世纪90年代中期以来，我国通过大力发展高技术产业，积极参与高技术产业的国际竞争，高技术产业持续高速增长已经成为国民经济中增长最快、带动作用最强的产业。现在，我国已经成为世界上最大的高技术产品贸易国。但这种贸易大国主要是靠外资的贡献实现的，我国企业的贡献非常有限。在我国高新技术产品对外出口中，外资企业已经占到82%的绝对支配地位。从本质上说，我国的大多数"高技术企业"并不是真正意义上的高技术企业，而是高技术产业中的劳动密集型环节。在高技术产业所固有的超额利润中，我国企业所得甚少。据有关统计资料显示，外国企业在我国申请的发明专利中，信息技术领域占90%；计算机领域占70%；医药领域占60.5%；生物领域占87.3%；通信领域占92.2%。

第五，我国也已经具备了创新驱动发展的科技基础。我国的科技发展之路经历了一个由引进到模仿再到逐步壮大的过程。1949年全国科技人员不超过5万人，其中专门从事科学技术研究工作的不超过500人，学科门类的空白点很多，科研机构30多个，且主要集中在地质科学和生物分类学方面。近几年来，我国企业的创新能力在不断提升，涌现出一批创新型企业，如华为、中兴通讯、奇瑞等。从R&D经费规模上看，我国企业已经成为R&D活动的主体，具备了与市场经济国家相似的比例特征，但是从企业构成来看，我国企业部门R&D活动具有两个重要特征，即外资企业R&D经费所占比重较高，高技术产业的R&D经费比重偏低。外资企业在我国企业R&D经费中所占比重逐年提高。2009年，在华外资企业（规模以上）R&D经费支出997亿元，占全国规模以上工业企业的26%；发明专利申请17536件，占28%；新产品销售收入达到23384亿元，占36%。尤其是在高技术产业上，跨国公司占据优势经济地位，2009年外资企业的主营业务收入达39141亿元，占高技术产业的66%；新产品销售收入7953亿元，占58%，其中新产品出口占77%。与发达国家相比，我国的高技术企业在全部企业R&D活动中的地位并不突出。2010年在我国大中型工业企业R&D经费总额中，高技术产业R&D经费只占24.1%，这一比例远低于主要发达国家及新兴工业化国家（地区）的水平，这些国家（地区）企业R&D经费总额中高技术制造业R&D经费所占比重都在30%以上，其中英国、美国和法国超过了40%，韩国高达53.8%，而最高的中国台湾甚至达到了72.3%。另外，我国还有很多企业没有开展R&D活动，没有自主知识产权。

总之，正如党的十八大报告指出，以科学发展为主题，以加快转变经济发展方式为主线，是关系我国发展全局的战略抉择。实施创新驱动发展战略是加快完善社会主义市场经济体制和加快转变经济发展方式的五项要求之一。因此，在新的发展时期要努力转换增长动力，转变经济发展方式，必须实施创新驱动发展，舍此别无他途。

三 全面提升创新能力，推进浙江创新驱动发展

深入贯彻落实党的十八大精神，实施创新驱动发展战略，是浙江立足全局、面向未来的重大战略抉择，是打造浙江经济"升级

版"的根本支撑，是建设"物质富裕、精神富有"的现代化浙江、"建设美丽浙江、创造美好生活"的重要保证。

第一，着眼于全面提升区域创新能力，强化创新平台建设。从全省的层面看，需要一个能带动全省创新驱动发展，作为全省科技创新示范中心、扩散中心的战略性平台；从各地看，也需要有一个能带动各地产业创新发展的战略性科技创新平台。要依托现有优势，整合核心资源，大力提升创新平台的层次，充分发挥创新平台的作用。一是要推进杭州两个科技城的整合发展，打造接轨国际的战略高地。以争创国际一流科技城为目标，从接轨国际创新前沿、集聚国际高端创新要素的高度，整体定位科技城的建设，推进两个科技城的整合发展。以余杭镇为中心，两城合一城，形成科技新城。二是要促进高新区的功能升级，建设创新驱动发展的区域性战略平台，充分发挥国家级高新区的先导示范作用。杭州高新区（滨江）要整合相关科技园区，创建国家自主创新示范区。宁波、绍兴、温州等高新区要加强国际创新资源的引进与合作，创新集群的自主培育，创建全国一流高新区，成为中心城市创新驱动发展的主平台，促进国家级创新型城市建设。加强省级高新区、产业集聚区和特色产业基地建设，形成高新产业和战略性新兴产业发展的支撑性平台。三是要加强各类区域性园区的资源整合，构建产业发展的基础性创新平台。按照大平台、大项目的要求，以培育高新园区、现代产业集聚区为导向，推进区域性各类开发区和工业园区的资源整合。围绕园区发展特点强化创新功能，引进国内外一流研发机构，搭建产业技术服务中心、工业设计中心、科技孵化器、科技金融机构等公共服务平台，建设自然资源共享、循环利用的公共基础设施。

第二，着眼于有效增强产业创新能力，分类优化重点产业技术创新体系。"企业为主体、市场为导向、产学研结合"是我省产业创新体系建设的基本方向和原则，在具体实践中，要结合我省不同重点产业的各自特征，把握关键点，使创新体系建设工作更为有效地支撑产业发展。一是要以完善共性技术服务平台建设为重点,构建小企业主导的传统产业创新体系。要着眼于解决产业面临的共性技术问题,以完善共性技术服务平台建设为重点构建产业技术创新体系,并注重公共技术平台的专业化和市场化运行,通过为产业提供技术供给、产品设计、分析测试、验证试验、特殊装备使用、市场信息等公共服务,带动小企业改进生产工艺和产品性能,使产业整体具备向价值链高端提升的能力。二是要以新技术改造和新产品开发为重点,构建大企业主导的传统产业创新体系。针对我省这类产业集中度不高、骨干企业规模偏小的现状,创新体系建设的重点要有利于做大做强现有骨干企业。通过对骨干企业产品、工艺和关键设备的高新技术改造,降低生产成本,提高产业利润率,实现减能增值、减人增效、减耗增效。还要鼓励企业做产品链延伸,利用企业的现有市场优势,进一步开发附加值高、行业带动作用大的新产品,实现与新兴产业的有效融合。三是要以加快成果转化和产业链拓展为重点,构建小企业主导的新兴产业创新体系。在这类产业创新体系建设中,应充分强调"单点突破",争取在短时间内帮助企业实现创新产品的市场化、规模化,在这个过程中,技术成果转化机制和本地配套体系完善应成为关注点。四是要以强化骨干企业创新资源整合为重点,构建大企业主导的新兴产业创新体系。应进一步发挥骨干企业的自主性,以重点企业研究院建设为切入点,鼓励企业根据自身特色和优势与科研院所、高校联合组建技术研发平台和产业技术创新战略联盟,围绕产业链形成创新资源的整合优势。考虑到这类产业的规模效应十分明显,政府在创新政策支持上不宜过于分散,应通过把握若干重点企业来强化产业资源整合和有效利用。

第三,着眼于集聚高端创新要素,引进培育各类创新载体。我省是个科技资源小省,同时,以民营中小企业为主的产业结构,自主创新能力相对较弱。在实施创新驱动发展战略的过程中,必须进一步突出开放式发展,着眼于集聚高端创新要素,引进培育各类创新载体。一是要结合重点产业的不同技术特点和需求，引进高端创新要素。创新载体的引进培育必须为重点产业创新服务。纺织、轻工、建材、有色金属等传统优势产业，汽车、石化、船舶、钢铁、装备、医药等资金技术密集型和规模经济产业，生物、新材料等战略性新兴产业都是我省大力发展的重点产业。二是要依托各类主体，引进培育创新载体。通过提高企业和企业家的意识，强化激励机制，促进企业通过与国内外高等院校、科研院所、大中型企业合作等多种方式，单向引进或双向共建独立或非独立的具有自主研究开发能力的技术创新组织。充分发挥高校科研院所在人才、科研项目、国内外学术交流渠道等方面的优势，通过各种形式搭建信息交流平台，鼓励企业与高校科研院所合作建立创新载体。依托各类园区培育创新载体。要充分发挥高新开发区、经济开发区等各类园区具有的体制优势、企业优势、政策优势和技术优势等，提升对各类创新载体的吸引力。三是要构建以企业为主体的多元化引进培育模式。充分发挥政府、高校科研院所和企业的能动作用，通过整建制引进、合作设立研发机构、委托研发等多种形式引进培育创新载体，整合国内外创新资源。四是要完善体制机制，促进创新载体的有效运转。从数量上看，我省近年来引进培育的各类创新载体并不算少，但也有相当一部分存在徒有形式、缺乏实效的现象。要深入研究创新载体存在的问题及其原因，采取切实有效的措施提升创新载体的效率。

第四，着眼于优化科技资源配置，推进协同创新和创新模式创新。协同创新能有效整合创新资源和创新要素，通过推动创新主体间的深度合作，打破资源壁垒，有效促进科技与经济深度融合，显著提升创新能力和效率，是当代科技创新的重要形式，也是中央特别强调、我省特别需要的创新形式。创新模式的创新是经济发展永恒的主题，更需要从战略层面上予以重视。将推进协同创新作为一项重要工作来抓。协同创新是创新模式的创新，是产业层面的创新，具有系统性；它带动的是一个产业的发展和兴起，形成的是一个创新型产业群，具有规模性；它缩短了产业创新进程，使地方经济率先实现创新驱动发展，具有高效性。同时，协同创新具有自我强化的趋势，呈现出"先发优势、后发劣势"的特征。我省科技资源相对贫乏，最需要通过协同创新来克服科技资源相对不足的约束。因此，要高度重视，把协同创新作为实施创新驱动发展战略的一项战略性工作常抓不懈，从而实现创新驱动发展的先发优势。

第五，着眼于提高创新实效，完善创新的体制机制。多年来，科技创新绩效的总体水平也处于全国前列，但也存在创新投入产出的直接绩效不高、间接绩效进步不快等问题，一定程度上反映了投入产出的不匹配。因此，一是要优化科技资源配置的结构，突出企业的主体作用。要及时调整科技资源配置方式和结构，在科技项目产生、经费分配、成果运用、人才引进等一系列环节，都要强调市场引导，突出企业的主体作用。二是要调整完善成果评价机制，形成合理的科研导向。长期以来，高校科研院所因传统的成果评价体制而造成的科技经济"两张皮"现象，是一个非常突出的问题，高校科研院所占有大量的科技资源，却并没有发挥与之相匹配的作用，根源也在于此。要通过多种途径提倡、引导高校科研院所改革传统的评价机制，形成更为合理的科研导向。三是要以市场化为导向，完善促进创新的配套政策。要更加注重发挥市场需求对创新的激励和拉动作用，并从政府投入和财政支持角度完善市场需求端的相关政策。营造一种创新更有利可图、只有创新才能获得更好更快发展的市场环境，是实施创新驱动发展战略的基本要求。

第一章 创新绩效:总体评价与提升思路

创新绩效是创新资源的配置效率,是创新投入转化为创新产出的效率,是考量区域创新体系运行效率的重要指标。多年来,浙江围绕建设科技强省和创新型省份的目标,积极推进区域创新体系建设,不断加大科技创新投入,但科技创新产出的绩效却不尽如人意。为了准确把握浙江科技创新投入产出绩效,本章依据公开出版的科技统计年鉴数据,运用计量分析方法对浙江创新投入产出绩效进行测算和评估。

第一节 创新绩效评价基础

对一个区域创新绩效进行评价,首选必须要对区域创新及其绩效等相关概念和内涵进行明确的界定,这将决定评价所涉及的内容范畴、运用方法、选取指标和采集数据等,最终将关系到评价结果的科学性和认可度,是区域创新绩效能得以合理评价的理论基础。

一 区域创新的概念与内涵

区域创新的概念源于创新思想与地域的结合。创新是一个复杂的系统过程,大量的创新是多个行为主体协作行动的结果,且取决于所处地域的环境和制度,包括市场条件、产业组织、企业结构、科技政策、法律制度等。这个地域首先是以国家为边界的(各国的国情大不相同);然后是国家范围内的区域概念(如省区、市区、产业集聚区等)。区域创新系统是国家创新系统在区域层次的延伸和体现,是国家创新系统的子系统和有机组成部分。

国家创新系统(National Innovation System, NIS)是指"一个主权国家内的公共部门和私人部门中各种机构组成的网络,这些机构的活动和相互作用促进了新技术和组织模式的开发、引进、改进和扩散"①。这一概念是英国学者弗里曼(C. Freeman)在1987年首先提出并界定的,他在研究日本技术政策和经济绩效时发现,日本的产业政策以及政府有关部门在创新中发挥着重要作用,日本在技术落后的情况下,以技术创新为主导,辅以组织因素和制度因素,只用了几十年时间便使国家经济获得强劲增长而一跃成为工业化发达国家。随后,许多学者加入了研究行列,如伦德瓦尔(B-A. Lundvall)、纳尔逊(R. Nelson)、波特(M. Porter)以及经合组织(OECD)等,使国家创新系统理论不断发展。1995年,这一概念被介绍到我国,引起了国内学者的极大兴趣。如我国学者冯之浚教授在1998年主持的国家科技部课题"国家创新系统的理论与政策"中界定,国家创新系统是指一个国家内各有关部门和机构间相互作用而形成的推动创新的网络,是由经济和科技的组织机构组成的创新推动网络,主要由企业、大学和科研机构、教育培训、中介机构、政府部门组成;并就我国发展和完善国家创新系统的迫切性和重要性以及相应的政策措施展开了讨论②。

区域创新系统(Regional Innovation System, RIS)是指"在地理上相互分工与关联的生产企业、研发机构和高等教育机构等构成的区域性组织体系,而这种体系支持并产生创新"③。这是英国学者库克(P. Cooke)对欧洲区域创新系统进行多年研究后在1996

---

① [英]克里斯托夫·弗里曼:《技术政策与经济绩效:日本国家创新系统的经验》,东南大学出版社2008年版。
② 冯之浚:《国家创新系统的理论与政策》,载《群言》1999年第3期。
③ P. Cooke, *Regional Innovation System: The Role of Governance in the Globalized World*. London: UCL Press, 1996.

年出版的《区域创新系统：全球化背景下区域政府管理的作用》一书中所作的阐述，其实库克教授最早在1990年就正式提出这一概念。随着国家创新系统研究的不断深入，区域创新系统研究也逐步兴盛，国内外学者从不同的视角对区域创新系统进行了较广泛的理论和经验研究。由于各学者研究视角不同，区域创新系统的定义仍未达成一致，但大多包含了四个方面内涵[1]：（1）区域创新系统需要一定的主体参与，目前讨论较多的有政府主体、企业主体、院所（包含科研机构和中介结构）主体等；（2）区域创新系统是依托一定投入资源支撑的，大多涉及人才、资金、技术等资源；（3）区域创新系统是在一定对象范围内展开的，包含制度创新、管理创新、技术创新等；（4）区域创新系统结果是创新产出的输出，大多认为存在产品创新、产业创新、环境创新。基于此，我国有学者[2]将区域创新系统的定义概述为在一定区域范围内，为实现预定的创新发展目标，政府、企业、科研机构等主体，通过人才、资金、技术投入，推动制度、科技、管理等内容创新，不断优化环境、创新产品、提升产业而形成的创新主体相互转换、创新内容相互作用、创新投入相互支撑的系统。

二 区域创新绩效及其评价

区域创新绩效即区域创新系统运行的效率，就是区域创新投入与创新产出的转化效率。区域创新是一个复杂的系统过程，是区域内多种资源要素参与的系统性活动，创新的投入向产出的转化贯穿于创新的全过程。故此，区域创新绩效就是考察一定时期内某一区域的创新投入、创新产出及其两者的关系。

区域创新的投入主要表现为人才、资金、技术等，而区域创新产

---

[1] 参见魏江《产业集群：创新系统与技术学习》，科学出版社2003年版。
[2] 王松、胡树华、牟仁艳：《区域创新体系理论溯源与框架》，载《科学学研究》2013年第3期。

出的表现则丰富得多且难以测量。区域创新的产出,不仅直接表现为论文、专利、新产品和新工艺等方面,而且最终体现在收入水平的提高、增长方式的转变、制度环境的改善、文化理念的进步等经济社会效益方面。所以,评价区域创新绩效应从两个方面进行考察:一是直接绩效(中间绩效),是对创新投入产出过程的考察,评价的是区域创新资源有效利用的情况,用"投入产出比"来测度;二是间接绩效(终极绩效),是对区域创新促进经济社会进步的考察,评价的是区域创新成果有效利用的情况,通常以区域经济增长水平(人均 GDP 增长率)和科技进步贡献率(全要素生产率,TFP)来衡量。

然而,区域创新绩效在实证计量测度时是非常困难的。尽管国内外在这方面的研究已经取得了很大进展和成就,但至今仍不能精确地定义和测量。因为,任何一套绩效指标都不可能完整、精确地概括复杂的区域创新系统。如组织创新、制度变革、文化进步等,在统计学上依然是不可知的。即便是可以精确地计量,但创新的重要程度(权重)也是很难把握的。如研究者们通常以专利衡量创新产出,但事实上,专利既不能代表所有重要的创新,也不能反映不同创新的重要程度,无论是质量上还是数量上,专利与创新之间都存在着差异。所以,判断创新的重要程度以及对经济社会发展的长期效应是非常困难的。比如,哥伦布去寻找印度但却发现了美洲大陆,这一创举是失败还是成功,其绩效又如何计量呢?[1]

由于创新是一个发展的过程,上述问题是难以避免也是难以解决的。因而,本章对浙江区域创新绩效进行计量评价,更准确地讲是"评估",在进行内容范畴的界定、方法的选用、指标的选取和数据的采集时,都将基于"通用性、一致性和易得性"的原则,搁置争议,避免致力于精确反而不准确,其目的是力求所作的评估具有较高的认可度、可比性和合理性。

---

[1] 胡志坚:《国家创新系统:理论分析与国际比较》,社会科学文献出版社 2000 年版。

本章对浙江区域创新绩效的评估主要是围绕科技创新这一核心内容展开的,数据资料全部来源于公开出版发行的《全国及各地区科技进步统计监测结果》《中国科技统计年鉴》和《浙江科技统计年鉴》等,这也是基于上述"通用性、一致性和易得性"的原则所做的选择。如《全国及各地区科技进步统计监测结果》是科技部(原国家科委)于1993年成立专项课题组,经过多年研究、不断改进而形成的,在我国具有很高的权威性和广泛的认可度。

第二节 浙江科技创新绩效总体评估

数据分析表明,浙江科技创新绩效总体水平好于全国平均水平,科技进步综合水平与科技投入水平基本相匹配,科技创新投入产出的间接绩效相对较高而直接绩效明显偏低。

一 浙江科技创新绩效水平

(一)科技进步贡献率

科技进步贡献率又称作全要素生产率(Total Factor Productivity,TFP),是衡量区域科技竞争实力和科技转化为现实生产力的综合性指标,也是衡量科技资源投入绩效的代表性指标,反映了科技进步对社会经济发展的作用效果。

关于科技进步贡献率的测算,我国学者大多利用美国经济学家索洛(R. Solow)的新古典经济增长模型,采用余值法进行测算的。索洛认为,除了资本和劳动两个因素增加会引起经济增长的变化之外,还有一个余量,这就是广义的技术进步,包括新技术、新工艺等的引入,也包括企业组织结构、人员素质、管理方式以及营销网络等方面的变化。"广义的技术进步"这一概念引入我国后,其表述成为"科技进步"。

索洛余值法的核心公式为:

$$\delta = y - \alpha k - \beta l$$

其中，δ、y、k、l 分别表示科技进步增长速度、经济增长速度、资本投入增长速度和劳动投入增长速度，α 和 β 分别表示资本产出弹性和劳动产出弹性。据此，科技进步贡献率可表示为 δ/y，即扣除资本和劳动两个要素投入带来的经济增长外，其他因素对经济增长的贡献。

据此，可测算出浙江的科技进步贡献率（见表1-1）。在具体测算中，是以"生产总值（GDP）"来衡量经济产出，以"从业人员总数"来衡量劳动力投入，以GDP（支出法）构成中的"固定资本形成总额"来衡量资本投入。同时，采用永续盘存法估算我省历年的资本存量净额。需要特别说明的是，对资本产出弹性（α）和劳动产出弹性（β）的取值，是基于1996—2012年相关数据采用回归方程法估计而得到的。

表1-1　　　浙江科技进步贡献率与全国的比较　　　　　（%）

年份	2005	2006	2007	2008	2009	2010	2011	2012
浙江	44.4	45.6	47.2	47.8	48.2	50.6	51.5	53.7
全国	43.2	44.3	46.0	48.8	48.4	50.9	51.7	53.2

注：全国科技进步贡献率数据引自《中国科技统计年鉴2012》。

测算结果表明，浙江科技进步贡献率从2006年的45.6%提升到2012年的53.7%，年均提升幅度为1.35个百分点，与全国年均增幅基本相当。其中，"十一五"期间，年均提升幅度为1.24个百分点；"十二五"头两年，年均提升幅度增至1.56个百分点。可见，科技进步对浙江经济增长的促进作用在不断提高。

从测算公式看，科技进步贡献率的大小依赖于经济增长速度、资本增长速度和劳动增长速度，这为预测浙江未来几年的科技进步贡献率提供了理论依据。以2012年为基期，只要未来五年内，浙江科技进步率在原有基础上逐步提高，且经济增长率稳定在8%左右，全社会固定资产投资的年均增长幅度控制在2000万元之内，从业人员稳定在2012年水平，那么2017年浙江的科技进步贡献率将会达到 60.04%。

当然，科技进步贡献率只能在一定程度上反映科技进步对经济增长的贡献。科技进步对经济社会发展的贡献是多层次的，有丰富的内容，利用上述模型测算可能低估了科技进步的贡献，因为该模型忽视了无形资产的投入。随着高技术和知识经济的高速发展，很多发达国家无形资本投入已经接近甚至超过有形资本投入的比例，所以无形资产投资即创新资本投入对经济增长有着显著的贡献，也应属于技术进步贡献的范畴。因而，要实现科技创新驱动，应该更多考虑智力等知识的无形资本的投入，如增加研发投入、加强员工培训、维护品牌声誉、增加软件和通信投资等，而不仅是大量购买机器设备等有形资产。

还需要说明的是，由于反映资本投入和劳动投入的统计数据的取得存在着局限性以及资本产出弹性（α）和劳动产出弹性（β）的取值存在着主观性，利用上述模型来测算科技进步的贡献，其结果可能会出现较大偏差。所以说，科技进步贡献率还是属于学术指标，可以用来反映一个地区科技作用的纵向发展趋势，是在增量而非总量中考察科技进步所发挥的作用，适合进行一个国家或地区的纵向比较，不宜横向比较，也不宜作为地方直接的工作目标。

（二）科技进步综合水平

鉴于上述采用"科技进步贡献率"这个单一指标测量科技进步的局限性和横向不可比性，国内外通常采用综合评价方法对一个国家或地区科技进步水平进行测算和比较，如国际竞争力、综合经济效益、地区社会发展等。我国每年发布的《全国及各地区科技进步统计监测结果》，即是采取综合评价方法所构建起的一套较为理想的科技进步监测系统。

科技进步是一个内涵丰富、外延广泛的综合性概念，涉及科学技术活动规模的拓展、水平的提高以及对经济社会发展推动作用的增强等方方面面，是科技实力、科技绩效、科技创新、科技贡献等诸多概念的总和。因此，考察一个国家或地区的科技进步状况，必须应与外部的经济社会大环境相关联。基于这样的认识，我国的科技进步监测系统体现为由科技进步环境、科技活动投入、科技活动产出、高技术产业化、科技促进经济社会发展等五个一级指标及相应的二级指标和三级指标组成的统计监测体系（见表1-2）。

表1-2　　　　我国科技进步统计监测指标体系

一级指标	二级指标	三级指标
科技进步环境	科技人力资源	万人研究与发展（R&D）人员数（人/万人）
		万人大专以上学历人数（人/万人）
	科研条件	科学研究与技术服务业新增固定资产占比重（%）
		有R&D活动的企业占比重（%）
	科技意识	万名就业人员专利申请数（件/万人）
		科学研究和技术服务业人均工资（元）
科技活动投入	科技活动人力投入	万人R&D研究人员数（人/万人）
		企业R&D研究人员占比重（%）
	科技活动财力投入	R&D经费支出与GDP比例（%）
		国家财政科技支出占国家财政支出比重（%）
		地方财政科技支出占地方财政支出比重（%）
		企业R&D经费支出占主营业务收入比重（%）
科技活动产出	科技活动产出水平	万人科技论文数（篇/万人）
		获国家级科技成果奖项数（项）
		万名就业人员发明专利授权数（件/万人）
		万人发明专利拥有量（件/万人）
	技术成果市场化	万人输出技术成交额（万元/万人）
		万元生产总值技术国际收入（美元/万元）
高新技术产业化	高技术产业化水平	高技术产业增加值占工业增加值比重（%）
		知识密集型服务业增加值占工业增加值比重（%）
		高技术产品出口额占商品出口额比重（%）
		新产品销售收入占产品销售收入比重（%）

续表

一级指标	二级指标	三级指标
高新技术产业化	高技术产业化效益	高技术产业劳动生产率（万元/人）
		高技术产业增加值率（%）
		知识密集型服务业劳动生产率（万元/人）
科技促进经济社会发展	经济增长方式转变	劳动生产率（万元/人）
		资本生产率（万元/万元）
		综合能耗产出率（元/千克标准煤）
	环境改善	生活垃圾无害化处理率（%）
		固体废物综合利用率（%）
		废水中氨氮排放量（万吨）
		废水中化学需氧量排放量（万吨）
		废气中二氧化硫排放量（万吨）
	社会生活信息化	百户居民计算机拥有量（台/百户）
		万人国际互联网上网数（人/万人）
		信息传输、计算机服务和软件业增加值占生产总值比重(%)

资料来源：《2013全国及各地区科技进步统计监测结果》，中华人民共和国科学技术部 http://www.most.gov.cn/kjtj/tjbg/。

根据历年的《全国及各地区科技进步统计监测结果》，浙江的科技进步综合水平在全国处于前列，"十一五"期间居全国第7位，进入"十二五"提升至全国第6位，总体呈上升趋势，其"综合科技进步水平指数"大多数年份高于全国平均水平（见表1-3）。

表1-3　　浙江与全国"综合科技进步水平指数"的比较　　（%）

年份	浙江	年增长（%）	全国	相差（%）	位次
2005	47.14	0.24	47.11	0.03	7
2006	52.06	4.92	50.78	1.28	7
2007	55.47	3.41	54.40	1.07	7

续表

年份	浙江	年增长（%）	全国	相差（%）	位次
2008	57.21	1.74	56.99	0.22	7
2009	56.42	-0.79	58.22	-1.80	7
2010	57.19	0.77	60.05	-2.86	8
2011	62.37	5.18	60.28	2.09	6
2012	63.92	1.55	60.30	3.62	6

数据来源：中华人民共和国科学技术部 http://www.most.gov.cn/kjtj/tjbg/。

表1-3中"综合科技进步水平指数"反映的是相对水平，其指数值是各项指标（见表1-2）的监测值与监测标准相比较，由三级指标综合成二级指标，再由二级指标综合成一级指标，最后由一级指标综合而成的。监测标准是以我国全面建设小康社会为目标，根据现阶段我国科技进步的总体水平和先进地区的发展水平，参照发达国家人均GDP达到3000—4000美元（1980年美元价格）左右时科技与经济社会协调发展的状况，经反复测算而确定的。通过全国及各地区科技进步水平与监测标准相比较而测算出的综合指数值，可反映全国和各地区达到全国小康目标实现时的综合科技进步水平（100%）的程度。

需要重视的是，浙江综合科技进步水平虽处全国前列且呈上升趋势，但与其经济发展水平相比则相对落后。如以衡量区域经济发展水平的核心指标人均GDP为例，"十一五"至"十二五"期间，浙江人均GDP在全国的位次由第4位降至第5位，而综合科技进步水平在全国的位次由第7位升至第6位。这在一定程度上说明，浙江的科技进步水平相对落后于经济发展水平，并已经影响到浙江经济的增长潜力和发展后劲。

二 浙江科技创新绩效评估

考察区域科技创新绩效应该从直接绩效和间接绩效两个方面进

行,因为科技创新绩效不仅仅体现在发表"论文数"、获取"专利数"、技术市场"成交额"、高技术产业"总产值"等直接效应上,更重要的是体现在转变"增长方式"、改善"生态环境"等旨在促进经济社会可持续发展的间接效应上。

(一)直接绩效

《全国及各地区科技进步统计监测结果》显示,浙江科技创新投入不断加大,其指数水平逐年提高,2012年在全国的位次已上升至第5位。相对而言,浙江科技创新活动产出水平明显落后,无论是涵盖科技论文、获奖成果、发明专利、技术成果转化等指标的科技活动产出指数水平,还是涵盖新产品、高技术产品、知识密集型服务等指标的高技术产业化指数水平,在全国的位次都落后于科技活动投入指数水平在全国的位次。这反映了,浙江科技创新投入产出的直接绩效相对较差,科技创新投入与直接产出不相匹配(见表1-4)。

表1-4　　　浙江科技进步各项指数及在全国的位次

年份	科技活动投入		科技活动产出		高技术产业化	
	指数(%)	位次	指数(%)	位次	指数(%)	位次
2005	56.26	6	27.66	16	28.64	14
2006	61.68	4	27.96	19	40.63	13
2007	60.84	6	37.45	15	43.76	13
2008	61.33	6	35.50	14	45.63	11
2009	62.29	7	34.77	15	47.09	12
2010	64.23	8	34.70	17	49.52	11
2011	65.14	6	51.90	8	56.92	8
2012	75.31	5	52.14	9	44.90	16

数据来源:中华人民共和国科学技术部 http://www.most.gov.cn/kjtj/tjbg/。

表1-4显示,浙江科技活动产出指数值及位次虽然在逐步提

高，但高技术产业化指数值及位次相对明显较低，2012年还出现大幅下降的现象，这说明浙江科技创新投入产出的直接绩效总体表现不好，其发展趋势也不容乐观，需要给予足够的重视和进一步的探究（详见下一节）。

（二）间接绩效

相对直接绩效而言，浙江科技创新投入产出的间接绩效较好。据《全国及各地区科技进步统计监测结果》显示，浙江"科技促进经济社会发展指数"水平在全国大致处于全国第6位，2012年提升至全国的第4位，与浙江"科技活动投入指数""科技进步环境指数"水平基本相一致（见表1-5）。

表1-5 浙江科技进步各项指数及在全国的位次

年份	科技活动投入		科技进步环境		科技促进经济社会发展		
	指数(%)	位次	指数(%)	位次	指数(%)	浙江—全国	位次
2005	56.26	6	52.65	7	61.41	11.47	6
2006	61.68	4	55.69		66.42	15.06	6
2007	60.84	6	56.46	10	70.96	13.94	6
2008	61.33	6	59.88	9	72.63	9.98	7
2009	62.29	7	61.42	9	73.64	8.45	7
2010	64.23	8	54.67	11	74.26	6.28	9
2011	65.14	6	65.94	6	69.09	6.31	6
2012	75.31	5	64.96	6	72.77	9.93	4

数据来源：中华人民共和国科学技术部 http://www.most.gov.cn/kjtj/tjbg/。

表1-5中"科技进步环境指数"是从科技人力资源、科研条件、科技意识等方面进行测算的，包含万人拥有R&D人员数、万人拥有大专以上学历人数、科学研究与技术服务业新增固定资产所占比重、科学研究和技术服务业人均工资等多项指标（见表1-2），反映了区域科技创新的基础条件，可理解为科技创新的

间接投入。

　　以上分析表明，浙江"科技促进经济社会发展"指数水平相对较高，科技创新投入产出的间接绩效好于直接绩效，科技进步综合水平与科技创新投入水平基本相匹配。但需要引起重视的是，浙江"科技促进经济社会发展"指数值高于全国平均值的差值在减小，预示着浙江科技进步促进经济社会发展的持续动力相对不足，在全国的领先优势有减弱的趋势。

第三节　浙江科技创新投入产出绩效分析

　　针对浙江科技创新的直接绩效表现不佳、投入产出不匹配这一突出问题，对浙江科技创新资源的投入绩效及其影响，有必要作进一步地探究，分类、分部门、分地区地测算和比较，进而更加准确地把握浙江科技创新投入产出绩效的现实详情。

一　浙江科技创新资源投入的直接绩效

　　区域创新的直接绩效即为中间绩效，是对创新资源的投入至产出过程的考察，评价的是区域创新资源的有效利用情况，通常采用"投入产出比值分析法"进行测算，在此将分别以"人力资源投入产出比值"和"财力资源投入产出比值"来测度浙江科技创新资源的投入产出绩效。

　　关于测算指标数据的选择，基于"可比性和易得性"的考虑，人力资源的投入选择了"科技活动人员数"和"R&D人员全时当量"两项统计指标，财力资源的投入选择了"R&D经费支出"和"地方财政科技拨款"两项统计指标，科技创新的直接产出选择了"国外主要检索工具收录的论文数""国内发明专利授权量""技术市场合同成交金额"和"高技术产业总产值"等四项统计指标。

　　同时，考虑到科技资源从投入到产出具有一定的时间滞后性，为提高评价结果的科学性和准确性，设定浙江科技资源从投入到产出时滞为1年。据此,对1990年以来浙江科技创新资源投入的直接绩效进行了测算。

测算结果显示,衡量浙江科技创新资源投入产出绩效的各项指标中,除每单位投入产出的"发明专利授权量"长期增长外,每单位投入产出的"论文数""技术市场合同成交额""高技术产业总产值"近十年来均呈下降趋势。特别是直接反映科技创新经济效益的每单位投入产出的"技术市场合同成交额"和"高技术产业总产值"下降幅度非常明显,目前处于低水平徘徊而没有好转的迹象(见表1-6和表1-7)。

表1-6　　　　浙江科技创新人力资源投入绩效

年份	科技活动人员投入与产出比				R&D人员全时当量投入与产出比			
	论文数 (篇/万人)	发明专利授权量 (件/万人)	技术市场合同成交额 (亿元/万人)	高技术产业产值 (亿元/万人)	论文数 (篇/万人年)	发明专利授权量 (件/万人年)	技术市场合同成交额 (亿元/万人年)	高技术产业产值 (亿元/万人年)
1991/1990	41.21	6.37	0.18	—	257.22	39.76	1.12	—
1992/1991	65.30	7.28	0.26	—	434.01	48.39	1.74	—
1993/1992	50.97	13.15	0.47	—	358.96	92.61	3.33	—
1994/1993	52.04	5.57	0.38	—	388.49	41.60	2.81	—
1995/1994	54.06	4.91	0.49	—	380.04	34.55	3.41	—
1996/1995	57.24	3.70	0.44	10.70	428.79	27.68	3.32	80.14
1997/1996	73.43	4.92	0.50	11.41	560.11	37.50	3.82	87.02
1998/1997	25.40	3.32	0.57	12.95	203.98	26.63	4.54	103.99
1999/1998	98.45	7.24	0.63	12.37	636.01	46.76	4.09	79.89
2000/1999	105.78	12.19	0.91	17.45	582.46	67.15	5.03	96.10
2001/2000	126.63	11.38	1.03	19.61	676.83	60.83	5.48	104.82
2002/2001	170.51	11.45	1.16	23.14	714.83	48.01	4.85	97.01
2003/2002	213.94	21.01	1.38	27.46	909.05	89.27	5.87	116.67
2004/2003	258.16	37.58	1.32	31.35	1087.84	158.37	5.57	132.09
2005/2004	434.02	53.04	0.86	38.65	1553.71	189.87	3.09	138.35

续表

年份	科技活动人员投入与产出比				R&D人员全时当量投入与产出比			
	论文数（篇/万人）	发明专利授权量（件/万人）	技术市场合同成交额（亿元/万人）	高技术产业产值（亿元/万人）	论文数（篇/万人年）	发明专利授权量（件/万人年）	技术市场合同成交额（亿元/万人年）	高技术产业产值（亿元/万人年）
2006/2005	402.13	55.25	0.71	43.41	1293.73	177.74	2.29	139.66
2007/2006	354.75	71.27	0.64	21.12	1018.84	204.67	1.84	60.67
2008/2007	360.46	93.28	0.70	31.90	968.33	250.57	1.87	85.70
2009/2008	324.49	115.85	0.57	26.79	841.86	300.56	1.47	69.50
2010/2009	362.98	142.42	0.54	30.61	882.75	346.36	1.32	74.45
2011/2010	383.36	182.56	0.55	28.50	858.18	408.66	1.23	63.79

数据来源：《2012浙江科技统计年鉴》和历年《中国科技统计年鉴》。为剔除物价变动对指标数值的影响，本表以1990年为基期，采用定基CPI指数对相关数据进行了换算；"—"表示相关数据缺失。

表1-6反映的是各类人力资源投入对浙江科技创新绩效的贡献，同时也反映了浙江科技劳动生产率的水平。从单位R&D活动人员全时当量投入的产出来看，被国外主要检索工具收录的论文数从1991年的257（篇/万人年）提升至2011年的858（篇/万人年），提升幅度达234%；发明专利授权量从1991年的987（件/万人年）提升至2011年的5825（件/万人年），提升幅度更是高达490%。与此形成鲜明对比的是，科技创新人力资源投入所产出的直接经济绩效却提升缓慢，近十年来还呈明显的下滑。仍从单位R&D活动人员全时当量投入的产出来看，技术市场合同成交额从2003年的5.87（亿元/万人年）下降至2011年的1.23（亿元/万人年），下降幅度达79%；高技术产业总产值从2006年的139.66（亿元/万人年）下降至2011年的63.79（亿元/万人年），下降了54%。

表1-7　　　　　　　浙江科技创新财力资源投入绩效

年份	R&D 经费投入与产出比				地方财政科技拨款投入与产出比			
	论文数（篇/万人）	发明专利授权量（件/万人）	技术市场合同成交额（亿元/万人）	高技术产业产值（亿元/万人）	论文数（篇/万人年）	发明专利授权量（件/万人年）	技术市场合同成交额（亿元/万人年）	高技术产业产值（亿元/万人年）
1991/1990	155.39	24.02	0.67	—	211.33	32.67	0.92	—
1992/1991	293.70	32.75	1.18	—	385.38	42.97	1.55	—
1993/1992	196.53	50.71	1.82	—	352.33	90.90	3.27	—
1994/1993	201.28	21.55	1.45	—	394.54	42.25	2.85	—
1995/1994	129.65	11.79	1.16	—	367.51	33.41	3.30	—
1996/1995	139.87	9.03	1.08	26.14	366.30	23.65	2.84	68.46
1997/1996	180.88	12.11	1.23	28.10	429.68	28.77	2.93	66.76
1998/1997	48.40	6.32	1.08	24.67	131.98	17.23	2.94	67.28
1999/1998	151.07	11.11	0.97	18.98	407.67	29.97	2.62	51.21
2000/1999	117.84	13.59	1.02	19.44	336.95	38.85	2.91	55.59
2001/2000	106.11	9.54	0.86	16.43	277.74	24.96	2.25	43.01
2002/2001	126.34	8.49	0.86	17.14	304.71	20.47	2.07	41.35
2003/2002	140.83	13.83	0.91	18.07	325.55	31.97	2.10	41.78
2004/2003	140.57	20.47	0.72	17.07	371.68	54.11	1.90	45.13
2005/2004	165.57	20.23	0.33	14.74	498.86	60.96	0.99	44.42
2006/2005	136.10	18.70	0.24	14.69	444.40	61.05	0.79	47.97
2007/2006	107.02	21.50	0.19	6.37	381.31	76.60	0.69	22.70
2008/2007	100.64	26.04	0.19	8.91	395.38	102.31	0.76	34.99
2009/2008	94.27	33.66	0.16	7.78	369.61	131.96	0.64	30.52
2010/2009	98.24	38.55	0.15	8.29	394.58	154.82	0.59	33.28
2011/2010	96.14	45.78	0.14	7.15	391.38	186.37	0.56	29.09

注：数据来源与处理同上（参见表1-6）。

表1-7反映的是各类财力资源投入对浙江科技创新绩效的贡献。从单位R&D经费投入的产出情况来看，除发明专利授权量获

得长期增长外，被国外主要检索工具收录的论文数、技术市场合同成交额、高技术产业总产值总体上处于下降态势。再从单位地方财政科技拨款投入的产出情况来看，被国外主要检索工具收录的论文数从1991年的211（篇/亿元）提升至2011年的391（篇/亿元），增长幅度达85%；发明专利授权量从1991年的33（件/亿元）提升至2011年的186（件/亿元），增长幅度高达470%；不同的是，技术市场合同成交金额呈先升后降之势，而高技术产业总产值却一路下滑至今。可见，浙江科技创新财力资源投入所产出的直接经济绩效长期未能获得有效提升，这与浙江科技劳动生产率提升缓慢紧密相连，说明浙江科技创新能力确实薄弱。

二 浙江R&D经费支出结构对区域创新绩效的影响

R&D经费支出的执行部门主要有研发机构、高等学校、工业企业和其他部门等四类。为了进一步剖析不同执行部门的R&D经费支出对浙江科技创新绩效的影响方向和程度，现以各科技创新产出指标（国外主要检索工具收录的论文数、国内发明专利授权量、技术市场合同成交金额、高技术产业总产值）为因变量，以各执行部门（研发机构、高等学校、工业企业）R&D经费支出指标为自变量，构建回归模型并进行OLS（普通最小二乘法）估计和统计检验（见表1-8）。

表1-8 不同执行部门R&D经费支出对科技产出影响的估计结果

变量	论文数 ($\ln LW_t$)	发明专利 授权量 ($\ln FMZL_t$)	技术市场 合同成交额 ($\ln CJE_t$)	高技术 产业总产值 ($\ln GCZ_t$)
常数项	6.34 *** (0.14)	4.31 *** (0.21)	10.52 *** (0.11)	4.41 *** (0.16)
研发机构 ($\ln RD_{t-1}^{yf}$)	0.10 (0.31)	0.99 ** (0.46)	-0.78 *** (0.24)	-0.19 (0.17)

续表

变量	论文数 ($\ln LW_t$)	发明专利授权量 ($\ln FMZL_t$)	技术市场合同成交额 ($\ln CJE_t$)	高技术产业总产值 ($\ln GCZ_t$)
高等学校 ($\ln RD_{t-1}^{gx}$)	0.78** (0.36)	1.45** (0.55)	0.22 (0.29)	0.34 (0.24)
工业企业 ($\ln RD_{t-1}^{qy}$)	0.27** (0.16)	-0.21 (0.25)	0.59*** (0.13)	0.47*** (0.14)
Adr^2	0.94	0.92	0.89	0.96
DW 统计量	1.95	1.13	1.50	2.62
F 统计值	102.28	74.81	59.87	147.12
P	(0.00)	(0.00)	(0.00)	(0.00)

注:"***,**,*"分别表示1%、5%和10%的显著性水平,括号内为回归系数的估计标准误差。

表1-8中,$\ln LW_t$表示第t年的科技论文数、$\ln FMZL_t$表示第t年的发明专利授权量、$\ln CJE_t$表示第t年的技术市场合同成交额、$\ln GCZ_t$表示第t年的高技术产业总产值;$\ln RD_{t-1}^{yf}$表示第t-1年的研发机构R&D经费支出、$\ln RD_{t-1}^{gx}$表示第t-1年的高等学校R&D经费支出、$\ln RD_{t-1}^{qy}$表示第t-1年的工业企业R&D经费支出。各变量取自然对数是出于降低变量异方差对模型估计影响的考虑。

通过以上分析可以观察到,浙江不同执行部门的R&D经费支出对科技创新绩效的影响呈现出以下几点特征。

(一)浙江R&D经费支出结构维持"企业主导"。从R&D经费支出的执行部门看,2000年以来浙江高等院校R&D经费支出的平均比例为7.09%,比全国平均水平低1.59个百分点;研发机构R&D经费支出的平均比例为4.07%,仅为全国平均水平的46.89%;相比之下,企业R&D经费支出比例达81.34%,比全国平均水平高近10个百分点,特别是2006年以来,企业R&D经费支出比例一直维持在82%左右的高水平。可见,浙江R&D经费支出结构具有明显的企业主导性质。

（二）研发机构 R&D 经费支出对发明专利授权量具有显著的正向影响，对技术市场合同成交额具有显著的负向影响，而对科技论文数和高技术产业总产值的影响程度并不显著。具体的，研发机构 R&D 经费支出每增加 1% 将带来发明专利授权量 0.99% 的增长和技术市场合同成交额 0.78% 的萎缩。

（三）高等学校 R&D 经费支出对发明专利授权量和科技论文数具有显著的正向影响，尽管对技术市场合同成交额和高技术产业总产值的影响方向为正，但影响程度并不显著。具体的，高等学校 R&D 经费支出每增加 1% 将带来发明专利授权量 1.45% 的增长和科技论文数 0.78% 的增长。

（四）扩大工业企业 R&D 经费支出将显著扩大技术市场合同成交额、高技术产业总产值和科技论文数，但对发明专利授权量的提升并不产生积极影响。具体的，工业企业 R&D 经费支出每增加 1% 将带来技术市场合同成交额 0.59% 的增长、高技术产业总产值 0.47% 的增长和科技论文数 0.27% 的增长。

三 相邻省份科技创新投入产出绩效差异分析

为了更进一步了解浙江与其他省份科技创新投入产出绩效的差异，选择同为东部沿海发达地区的江苏省和广东省，并运用变系数面板回归模型对 2000—2011 年浙、苏、粤三省情况进行对比分析[①]。之所以选择变系数面板回归模型主要因为该模型能较好地考察不同执行部门的 R&D 经费投入绩效在浙江省、江苏省和广东省之间体现出的差异，还可以把解释变量不能包含的一些不可观测的因素（如经济发展水平、创新活动环境、研发设备情况等）对科

[①] 相比时间序列模型，面板数据模型能够结合数据的时空特征，使模型在估计参数时具有较大的自由度和稳健性，这也使面板数据模型在解释截面数据之间的异质性和解决模型变量之间的多重共线性等方面都有较大优势。

技产出的影响通过截距项予以体现。通过不同模型的比对和筛选，最终建立的截面固定效应变系数模型为：

$$\ln out_{it} = \ln \alpha_{0i} + \alpha_{1i} \ln RD_{it}^{yf} + \alpha_{2i} \ln RD_{it}^{gx} + \alpha_{3i} \ln RD_{it}^{qy} + \mu_{it}$$

其中，i 代表地区，t 代表时间；out 表示科技产出，分别以发明专利授权量、科技论文数、技术市场合同成交额和高技术产业总产值等四项指标来衡量；RD^{yf} 为研发机构的 R&D 经费支出，RD^{gx} 为高等院校的 R&D 经费支出，RD^{qy} 为工业企业的 R&D 经费支出。需要说明的是，为降低异方差对模型估计的影响，即采用变量的对数形式引入模型，具体估计和比较结果见表 1-9 和表 1-10。

表 1-9　浙苏粤三省不同执行部门 R&D 经费支出对科技产出影响的估计结果

变量	省份	论文数 ($\ln LW_t$)	发明专利授权量 ($\ln FMZL_t$)	技术市场合同成交额 ($\ln CJE_t$)	高技术产业总产值 ($\ln GCZ_t$)
常数项	浙江省	6.65	7.48	11.98	2.24
	江苏省	5.75	0.53	9.20	2.23
	广东省	6.40	7.55	10.27	3.03
研发机构 R&D 经费支出 ($\ln RD_{t-1}^{yf}$)	浙江省	-0.08 (0.14)	0.10 (0.66)	-0.19 (0.37)	-0.04 (0.16)
	江苏省	0.11 (0.28)	3.03 (1.26)	1.84 (1.22)	-0.10 (0.19)
	广东省	0.13 (0.17)	0.38 (0.12)	0.09 (0.34)	-0.12 (0.10)
高等学校 R&D 经费支出 ($\ln RD_{t-1}^{gx}$)	浙江省	0.70 (0.17)	0.38 (0.77)	0.31 (0.43)	0.22 (0.19)
	江苏省	0.039 (0.41)	-3.72 (1.79)	-1.05 (1.74)	0.47 (0.28)
	广东省	1.21 (0.25)	0.31 (0.19)	0.01 (0.52)	0.38 (0.16)

续表

变量	省份	论文数 ($\ln LW_t$)	发明专利授权量 ($\ln FMZL_t$)	技术市场合同成交额 ($\ln CJE_t$)	高技术产业总产值 ($\ln GCZ_t$)
工业企业R&D经费支出 ($\ln RD_{t-1}^{qy}$)	浙江省	0.35 (0.16)	0.59 (0.73)	0.01 (0.41)	0.09 (0.18)
	江苏省	0.76 (0.16)	2.27 (0.71)	0.25 (0.69)	0.11 (0.11)
	广东省	0.03 (0.25)	0.48 (0.19)	0.61 (0.53)	0.05 (0.16)
AdR^2		0.99	0.97	0.86	0.97
F 统计值		290.22	104.43	19.16	118.41

注：括号内为回归系数的估计标准误差。

表 1-10　浙苏粤三省不同执行部门 R&D 经费支出对科技产出影响比较结果

执行部门	省份	发明专利授权量 影响方向	发明专利授权量 影响程度	科技论文数 影响方向	科技论文数 影响程度	技术市场合同成交额 影响方向	技术市场合同成交额 影响程度	高技术产业总产值 影响方向	高技术产业总产值 影响程度
研发机构R&D经费支出	浙江省	正	最小	负	—	负	—	负	最小
	江苏省	正	最大	正	较小	正	较大	负	其次
	广东省	正	其次	正	较大	正	较小	负	最大
高等学校R&D经费支出	浙江省	正	较大	正	其次	正	较大	正	最小
	江苏省	负	—	正	最小	负	—	正	最大
	广东省	正	较小	正	最大	正	较小	正	其次
工业企业R&D经费支出	浙江省	正	其次	正	其次	正	最小	正	其次
	江苏省	正	最大	正	最大	正	其次	正	最大
	广东省	正	最小	正	最小	正	最大	正	最小

以上结果显示，不同执行部门的 R&D 经费支出对科技产出的影响体现出显著的地区差异：

（一）尽管三个省份的研发机构 R&D 经费支出对发明专利授权量的影响方向均为正，但广东省研发机构 R&D 经费支出的增加对发明专利授权量的促进作用最大，江苏省其次，而浙江最小。

（二）研发机构 R&D 经费支出对三个省份高技术产业的发展均表现为负面影响，但增加广东省研发机构的 R&D 经费支出带来的负面影响程度最大，江苏省其次，浙江最小；

（三）与广东省类似，浙江高等院校的 R&D 经费支出对各类科技活动产出的影响方向为正，但增加浙江高等院校的 R&D 经费支出对发明专利授权量和技术市场合同成交额的促进作用均比广东省大，位居第一。

（四）对高技术产业总产值而言，尽管增加三个省份的工业企业 R&D 经费支出均具有积极影响，增加江苏省工业企业 R&D 经费支出的积极作用最大，浙江其次，广东省最小。

（五）增加三个省份的工业企业 R&D 经费支出都将扩大科技市场合同成交额，但增加浙江工业企业 R&D 经费支出对科技市场合同成交额的促进程度均小于其他两省，位居第三。

第四节 提升浙江科技创新实效的对策思路

浙江科技创新综合绩效与科技投入总体上是相匹配的，创新绩效不佳、科技投入产出不匹配主要体现在直接绩效上，特别是技术市场合同成交额、高技术产业产值等直接经济效益与规模不断扩大的科技投入不相匹配。对此，提出以下建议。

一 进一步加大科技投入，增强创新发展基础

科技投入是战略性投入，是创新驱动发展的条件基础。浙江必须进一步加大科技创新的投入，在建立财政科技投入稳定增长机制的同时，通过多种政策措施引导企业主体不断加大对科技创新的投入，通过科技金融激励社会力量对科技创新活动的大幅度投入，努力构建多元化的科技投入体系。同时，通过优化科技资源配置，完善科技投入方式和科技管理体制，有效提高科技投入产出绩效，促进经济社会全面发展。

二 以市场为导向，促进科技成果转化

科技成果转化是科技与经济相结合、科技成果转化为现实生产力的重要方式，是提高科技创新绩效尤其是直接经济效益的重要手段。浙江应坚持以市场引领创新，以应用促进发展，通过多种措施扶持企业创新产品的推广应用和市场拓展；通过完善科技成果知识产权归属和利益分享机制，推动高等院校、科研机构职务发明成果的转化及其知识产权的运用实施；通过科技大市场和网上技术市场的建设，为科技成果转化提供信息服务和交易平台；通过完善科技服务体系，培育发展一批科技服务业、中介机构和技术经纪人，促进国内外科技成果到浙江交易、转化。

三 创新体制机制，加快高技术产业发展

发展高技术产业是优化经济结构、推进产业转型升级和转变经济发展方式的必由之路。浙江目前正处在由传统工业化向新型工业化转变的关键时期，必须大胆改革，通过体制机制的创新，突破资源要素的瓶颈约束，强化土地、资金以及人才、技术等高端要素向高技术产业和战略性新兴产业的集聚，全力推进浙江高技术产业的快速发展。同时，必须着力推进现代服务业创新发展，大力发展基于高技术的工业设计、现代物流、科技服务等高端服务业，大力发展文化创意、动漫游戏、数字视听等高附加值的科技文化产业。

四 改造传统产业，提高全员劳动生产率

传统产业在浙江国民经济中仍占据着很大份额，传统产业的改

造提升任务十分繁重复杂。对此，必须采取切实有效的措施，加强技术创新，推动技术改造，促进传统产业优化升级。如大规模推进"机器换人"；推进高技术和先进适用技术在纺织服装、皮革塑料、化工建材等传统优势产业的推广应用；通过节能、安全、环保和产业标准等手段，倒逼企业加快装备的自动化、智能化和节能环保型的技术改造与更新，淘汰落后装备，这样既为传统产业升级提供了支撑，又为先进装备制造业的发展创造了市场等，全面提高了劳动生产率。

浙江省R&D经费支出占GDP的比重长期处于较低水平。虽然2012年比上年提高了0.18个百分点，达到2.08%，但与北京（5.95%）、上海（3.37%）、天津（2.80%）、江苏（2.38%）、广东（2.17%）等经济发展水平较高省份的差距还是不小，离3.5%的小康目标值差距也较大。从企业科技投入来看，国际上一般认为R&D经费支出占企业主营业务收入的比重达到2%，企业才可能维持生存，达到5%才有竞争力。研发上的低投入难以吸引高级人才，从平均受教育年限指标水平可以看出，浙江省的人才结构层次较低。据人口普查资料显示，2010年平均受教育年限为8.79年；据《中国统计年鉴》资料，2012年，浙江省15岁及以上人口文盲人口的比重为5.12%，高于全国的4.96%；6岁及以上人口中未上过学的人口比重为5.50%，高于全国的5.29%，与经济大省的地位不匹配。同时，研发上的低投入，难以购买更先进设备、加大对研发和人力培训的投资，难以实现"生产一代、开发一代、研制一代"的目标，创新能力难以提升，产业结构层次较低，劳动生产率不高，无法为经济发展提供持续且足够的推动力。2012年浙江省工业劳动生产率为10.1万元/人，在经济发展水平较高的省份中属于偏低水平。即使剔除低小散的小规模企业，2012年规模以上工业劳动生产率也仅为15.1万元/人，只有江苏的62%。

第二章 创新资源:空间布局与配置效率

作为一切创新活动的基础和核心,科技资源投入对浙江经济增长的推动作用日益显著。种种证据表明,要加强科技资源投入对经济增长的促进作用,不仅要关注科技资源投入总量的增长速度,更要重视科技资源的空间布局,只有合理的空间布局才能促使科技资源的投入产出效益达到最大化。21世纪以来,浙江省委省政府在加大对全省科技资源投入的同时也日益重视科技资源的空间布局问题。那么,究竟我省的科技资源空间配置现状怎样?各地级市之间的科技资源空间配置现状具有怎样的差异?科技资源的空间配置效率如何?提升各地级市科技资源空间配置效率应基于科技投入还是科技产出角度?本章内容将对上述问题展开探讨。

第一节 科技资源空间配置:现状描述与综合评价

科技资源包含不同内涵,涵盖多种类型。描述科技资源空间配置现状可基于配置数量和配置强度两种方式,亦可基于地级市和经济地带二维视角。同时,评价科技资源空间配置现状不可避免地依赖于评价方法。本部分内容,我们将通过科技资源内涵的探讨,基于空间配置数量和空间配置强度两种方式、地级市和经济地带二维视角,对浙江省科技人力资源和财力资源的配置现状进行详细描述和比较。并且,我们将借助经典的主成分分析方法对浙江省科技资源的空间配置现状进行评价和分析。

一　浙江科技资源空间配置现状基本描述

何为科技资源？不同学者表达了不同的观点。Chandler 和 Hanks（1998）认为，技术、资金、人才是一个企业必备的科技资源[①]；周寄中（1999）指出，科技资源是指科技活动所需要的各种投入要素，包括科技人力资源、科技财力资源、科技物力资源、科技信息资源以及科技组织资源等要素，是由科技资源各要素及其次一级要素相互作用而构成的系统[②]；钟荣丙（2006）认为科技资源应包括与科技活动相关的所有自然资源和社会资源[③]；丁厚德（2009）则认为科技资源是由科技人才、科技活动资金、科学研究实验（试验）装备、科技信息等要素构成的集合[④]；李冬梅和李石柱（2003）、魏守华和吴贵生（2005）等学者则坚持认为，科技人力资源和科技财力资源是科技生产的基本要素和科技生产得以进行的先决条件[⑤⑥]。由此可见，科技资源通常包含两层含义：广义的科技资源涵盖科技人力资源、科技财力资源、科技物力资源和科技信息资源。其中，科技人力资源是指直接从事科技活动和为科技活动提供直接服务的人员；科技财力资源是指从各种渠道获得的用于从事技术研发、科技成果转化和科技服务等活动所需的经费；科技物力资源要素是指从事科技活动所需的各类仪器、设备、科研机构、技术开发中心等；科技信息资源要素则是指各种图书、数据库、文献资料和各种专利成果等；狭义的科技资源是科技人力资源

[①] Chandler, G., Hanks, S.. An Examination of the Substitutability of Founder's Human and Financial Capital in Emerging Business Ventures, *Journal of Business Venturing*, 1998, 13 (5): 353—369.

[②] 周寄中：《科技资源论》，陕西人民教育出版社1999年版。

[③] 钟荣丙：《整合科技资源，促进地方科技发展》，载《技术经济》2006年第7期。

[④] 丁厚德：《科技资源及其配置的研究》，载《中国科技资源导刊》2009年第2期。

[⑤] 李冬梅、李石柱：《我国区域科技资源配置效率情况评价》，载《北京机械工业学院学报》2003年第18期。

[⑥] 魏守华、吴贵生：《区域科技资源配置效率研究》，载《科学学研究》2005年第4期。

和科技财力资源的合称。本书对浙江省科技资源空间配置现状的描述和评价局限于狭义理解的科技资源。

(一) 科技人力资源空间配置现状基本描述

我们选择"科技活动人员数""R&D 人员""每万人口科技活动人员数"和"每万人口 R&D 人员数"四个指标来考察浙江省科技人力资源的空间配置基本现状。前两个指标用来衡量科技人力资源的配置数量，后两个指标用来考察科技人力资源的配置强度[①]。四项指标均为正指标，指标值越大意味着科技人力资源的空间配置数量越大或配置强度越高。

1. 科技人力资源的空间配置数量

表 2-1 描述了浙江科技人力资源的空间配置数量分布情况。从各地级市的配置数量来看，浙江省科技人力资源空间配置数量并不均衡。杭州、宁波和嘉兴三市的科技人力资源配置数量较多，位于 11 个地级市科技人力资源配置数量排名的前三位。其中，杭州共配置科技活动人员 16.58 万人，占全省科技活动人员总量的 30.30%，共配置 R&D 人员 9.91 万人，占全省 R&D 人员总量的 30.34%；宁波共配置科技活动人员 10.63 万人，占全省科技活动人员总量的 19.43%，共配置 R&D 人员 7.14 万人，占全省 R&D 人员总量的 21.86%；嘉兴共配置科技活动人员 5.33 万人，占全省科技活动人员总量的 9.74%，共配置 R&D 人员 3.02 万人，占全省 R&D 人员总量的 9.25%。三市共汇聚了全省 59.47% 的科技活动人员和 61.45% 的 R&D 人员。

比较而言，衢州、舟山和丽水三市的科技人力资源配置数量相对较小。其中，衢州共配置科技活动人员 0.93 万人，占全省科技活动人员总量的 1.70%，共配置 R&D 人员 0.47 万人，占全省 R&D 人员总量的 1.44%；舟山共配置科技活动人员 0.67 万人，占全省科技

---

① 浙江省科技统计年鉴为上述指标做出了解释：科技活动人员是指调查单位在报告年度直接从事科技活动，以及专门从事科技活动管理和为科技活动提供直接服务的人员；R&D 人员是指报告期末从事研究与试验发展活动的人员，包括直接从事研究与试验发展课题活动的人员，以及研究院所等从事科技行政管理、科技服务等工作人员。

活动人员总量的1.22%，共配置R&D人员0.42万人，占全省R&D人员总量的1.29%；丽水共配置科技活动人员0.65万人，占全省科技活动人员总量的1.19%，共配置R&D人员0.39万人，占全省R&D人员总量的1.19%。三市共汇聚了全省4.11%的科技活动人员和3.92%的R&D人员，分别比杭州、宁波和嘉兴三市汇聚的科技人力资源数量少55.36个百分点和57.53个百分点。

同时，各经济地带的科技人力资源配置数量也体现出显著差异。数据显示，超过一半的科技人力资源配置于浙中北地带，其汇聚的科技活动人员和R&D人员分别占全省总量52.91%和51.56%；浙西南地带的科技人力资源配置数量相对较少，该地带的科技活动人员和R&D人员分别占全省总量的17.54%和16.66%，比浙中北地带少35.37个百分点和34.90个百分点。

表2-1　浙江科技人力资源空间配置数量分布①

地带	地级市	科技活动人员（万人）分布	累计	R&D人员（万人）分布	累计	占全省科技活动人员比重（%）分布	累计	占全省R&D人员比重（%）分布	累计
浙中北	杭州	16.58	28.95	9.91	16.84	30.30	52.91	30.34	51.56
	嘉兴	5.33		3.02		9.74		9.25	
	湖州	1.97		1.2		3.60		3.67	
	绍兴	5.07		2.71		9.27		8.30	
浙西南	温州	4.86	9.6	2.68	5.44	8.88	17.54	8.21	16.66
	金华	3.16		1.9		5.77		5.82	
	衢州	0.93		0.47		1.70		1.44	
	丽水	0.65		0.39		1.19		1.19	
浙东	宁波	10.63	16.17	7.14	10.38	19.43	29.55	21.86	31.78
	台州	4.87		2.82		8.90		8.63	
	舟山	0.67		0.42		1.22		1.29	

① 表中数据源自《2011年浙江省各地市科技进步统计监测评价报告》，下同。

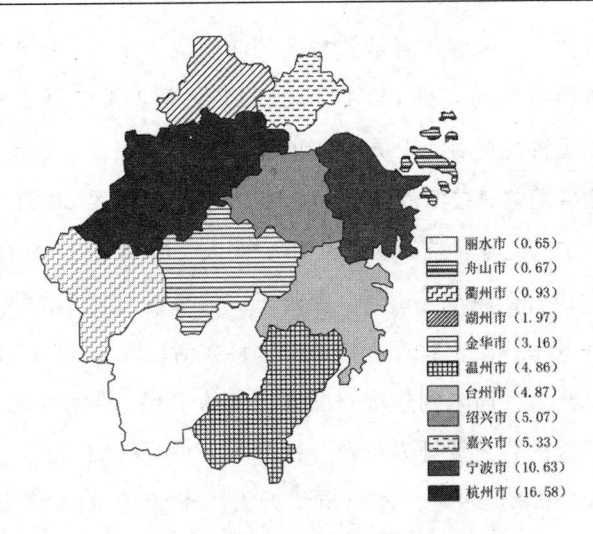

图 2-1 浙江科技活动人力资源空间配置数量分布

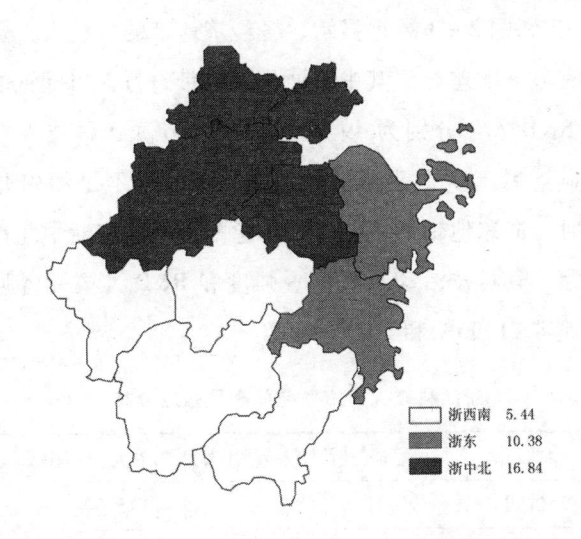

图 2-2 浙江 R&D 人力资源空间配置数量分布

2. 科技人力资源的空间配置强度

"每万人口科技活动人员数"和"每万人口 R&D 人员数"不仅反映了浙江省科技人力资源空间配置强度,也间接体现了各地级市劳动力科技素质和创新能力的空间分布状况。表 2-2 数据表明,杭州、宁波、嘉兴和绍兴四市的科技人力资源配置强度较大,每万人口科技活动人员数均已逾 100 人,每万人口 R&D 人员数也占据 11 个地级市科技人力资源配置数量排名的前四位。其中，杭州每万人口中共配置科技活动人员190.12人，R&D人员113.57人；宁波每万人口中共配置科技活动人员139.46人，R&D人员93.70人；嘉兴每万人口中共配置科技活动人员117.90人，R&D人员66.91人；绍兴每万人口中共配置科技活动人员102.96人，R&D人员55.14人。

比较而言，丽水、衢州、温州三市的科技人力资源配置强度相对较小。其中，丽水每万人口共配置科技活动人员30.52人，R&D人员18.30人，尚未到达杭州配置强度的1/6；衢州和温州两市每万人口配置的科技活动人员数分别为43.79人和53.22人，为杭州的23.03%和27.99%，该两市每万人口配置的R&D人员也仅为21.97人和29.34人，为杭州市的19.34%和25.83%。

表2-2和图2-3数据显示，各经济地带的科技人力资源配置强度也具有显著的差异。其中，浙西南地带每万人口配置的科技活动人员和R&D人员分别为49.99人和28.26人，科技人力资源配置强度明显落后于浙中北地带和浙东地带，尚不足浙中北地带的40%；同时，浙东地带的科技人力资源配置强度与浙中北地带也存在一定差距，其科技活动人员配置强度和R&D人员配置强度分别为浙中北地带71.96%和80.92%。

表2-2　　浙江科技人力资源空间配置强度分布

地带	地级市	每万人口科技活动人员数(人)		每万人口R&D人员数（人）	
浙中北	杭州	190.12	135.50	113.57	78.79
	嘉兴	117.90		66.91	
	湖州	67.93		41.59	
	绍兴	102.96		55.14	
浙西南	温州	53.22	49.99	29.34	28.26
	金华	58.69		35.37	
	衢州	43.79		21.97	
	丽水	30.52		18.30	

续表

地带	地级市	每万人口科技活动人员数（人）		每万人口 R&D 人员数（人）	
浙东	宁波	139.46	97.51	93.70	63.76
	台州	81.42		47.06	
	舟山	58.97		37.11	

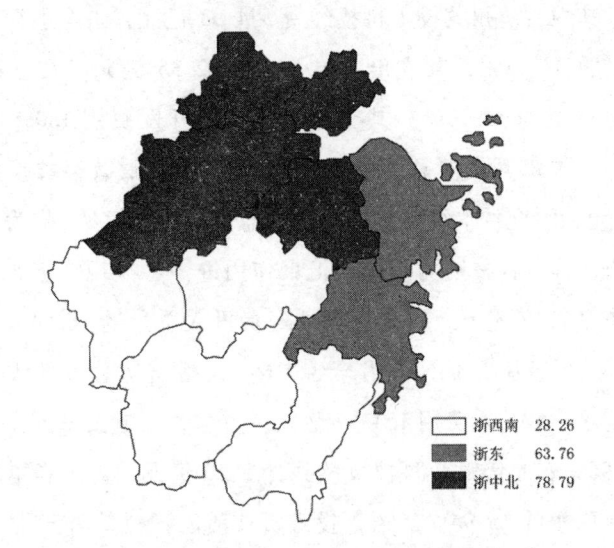

浙西南 28.26
浙东 63.76
浙中北 78.79

图 2-3 浙江 R&D 人员空间配置强度分布

（二）科技财力资源空间配置现状基本描述

我们选择"科技经费投入总额""R&D 经费支出""企业技术开发费支出""本级财政科技拨款""科技经费投入占 GDP 比重""R&D 经费支出占 GDP 比重""企业技术开发费占主营业务收入比例""本级财政科技拨款占本级财政支出比重"八个指标来考察浙江省科技财力资源的空间配置基本现状。其中，前四个指标用来描述浙江省科技财力资源的配置数量，后四个指标则用来考察全省科技财力资源的配置强度①。所有指标均为正指标，指标值越大意味

---

① 《浙江省科技统计年鉴》为上述指标作出了解释：科技活动人员是指调查单位在报告年度直接从事科技活动，以及专门从事科技活动管理和为科技活动提供直接服务的人员；R&D 人员是指报告期末从事研究与试验发展活动的人员，包括直接从事研究与试验发展课题活动的人员，以及研究院、所等从事科技行政管理、科技服务等工作人员。

着科技财力资源的空间配置数量越大或配置强度越高。

1. 科技财力资源的空间配置数量

从各地级市的配置数量来看，浙江科技财力资源的空间配置数量并不均衡。表2-3和表2-4数据显示，杭州、宁波和绍兴三市的科技经费投入数量较多，占据11个地级市科技经费投入数量排名的前三位。其中，杭州共投入科技经费354.93亿元，占全省科技经费投入总量的33.55%；共支出R&D经费202.35亿元，是全省R&D经费支出总量的33.70%；共支出企业技术开发费用180.80亿元，占全省企业技术开发费总支出的23.34%；本级财政科技拨款共计12.78亿元，占全省本级财政科技拨款总额的39.17%；作为省会城市的杭州，其对科技财力资源的汇聚作用进一步显现。宁波共投入科技经费197.17亿元，占全省科技经费投入总量的18.64%；共支出R&D经费114.29亿元，占全省R&D经费支出总量的19.03%；共支出企业技术开发费用154.67亿元，占全省企业技术开发费总支出的19.96%；本级财政科技拨款共计5.20亿元，占全省本级财政科技拨款总额的15.94%。绍兴投入科技活动经费117.50亿元，占全省科技经费投入总量的11.11%；支出R&D经费和企业技术开发费用62.01亿元和108.49亿元，分别占全省R&D经费支出总量和企业技术开发费总量的10.33%和10.88%。三市共计汇聚了全省63.30%的科技投入经费、63.06%的R&D经费支出、57.30%的企业技术开发经费和65.99%的本级财政科技拨款。

相比之下，舟山、衢州和丽水三市的科技财力资源配置数量规模较小。其中，舟山共投入科技经费17亿元，占全省科技经费投入总量的1.61%；共支出R&D经费10亿元，占全省R&D经费支出总量的1.67%；共支出企业技术开发费用12.69亿元，占全省企业技术开发费总支出的1.64%；本级财政科技拨款共计1.32亿元，占全省本级财政科技拨款总额的4.05%。衢州市共投入科技经费15.76亿元，占全省科技经费投入总量的1.49%；共支出R&D经费8.22亿元，占全省R&D经费支出总量的1.37%；共支出企业技术开发费用 13.36 亿元，占全省企业技术开发费总支出的 1.72%；本级财政科技拨款共计 0.68 亿元，占全省本级财政科技拨款总额的 2.08%。丽水市共投入科技经费 9.19 亿元，占全省科技经费投入总量的 0.87%；共支出 R&D 经费 5.18 亿元，占全省 R&D 经费支出总量的 0.86%；共支出企业技术开发费用 7.70 亿元，占全省企业技术开发费总支出的 0.99%；本级财政科技拨款共计 0.52 亿元，占全省本级财政科技拨款总额的 1.59%。三市共集结了全省 3.97% 的科技活动经费、3.90% 的 R&D 经费支出、4.35% 的企业技术开发经费和 7.72% 的本级财政科技拨款，分别比杭州、宁波和绍兴三市汇聚的科技财力资源数量少 59.33 个百分点、59.16 个百分点、52.95 个百分点和 58.27 个百分点。

比较各经济地带的科技财力资源配置数量，图 2-4 到图 2-7 显示，接近六成的科技活动经费和 R&D 经费配置于浙中北地带，浙西南地带配置的科技活动经费和 R&D 经费尚不足全省总量的 15%，浙东地带配置的企业技术开发费接近全省总量的三成，而浙西南地带汇聚的本级财政科技拨款仅为全省总量的 15.54%。

表 2-3　　浙江科技财力资源空间配置数量分布

地带	地级市	科技经费投入总额（亿元） 分布	科技经费投入总额（亿元） 累计	R&D 经费支出（亿元） 分布	R&D 经费支出（亿元） 累计	占全省科技经费投入总额比重(%) 分布	占全省科技经费投入总额比重(%) 累计	占全省 R&D 经费投入总额比重(%) 分布	占全省 R&D 经费投入总额比重(%) 累计
浙中北	杭州	354.93	628.71	202.35	351.03	33.55	59.42	33.70	58.46
浙中北	嘉兴	108.22	628.71	58.95	351.03	10.23	59.42	9.82	58.46
浙中北	湖州	48.06	628.71	27.72	351.03	4.54	59.42	4.62	58.46
浙中北	绍兴	117.50	628.71	62.01	351.03	11.11	59.42	10.33	58.46
浙西南	温州	57.02	145.06	36.80	86.19	5.39	13.71	6.13	14.35
浙西南	金华	63.09	145.06	35.99	86.19	5.96	13.71	5.99	14.35
浙西南	衢州	15.76	145.06	8.22	86.19	1.49	13.71	1.37	14.35
浙西南	丽水	9.19	145.06	5.18	86.19	0.87	13.71	0.86	14.35

续表

地带	地级市	科技经费投入总额（亿元） 分布	累计	R&D 经费支出（亿元） 分布	累计	占全省科技经费投入总额比重(%) 分布	累计	占全省R&D经费投入总额比重(%) 分布	累计
浙东	宁波	197.17		114.29		18.64		19.03	
	台州	70.08	284.25	38.98	163.27	6.62	26.87	6.49	27.19
	舟山	17.00		10.00		1.61		1.67	

表 2-4　　浙江科技财力资源空间配置数量分布

地带	地级市	企业技术开发费支出（亿元） 分布	累计	本级财政科技拨款（亿元） 分布	累计	占全省企业技术开发费总支出的比重(%) 分布	累计	占全省本级财政科技拨款总额的比重(%) 分布	累计
浙中北	杭州	180.80		12.78		23.34		39.17	
	嘉兴	94.93	427.65	1.91	20.05	12.25	55.20	5.85	61.45
	湖州	43.43		1.81		5.61		5.55	
	绍兴	108.49		3.55		14.00		10.88	
浙西南	温州	47.95		2.62		6.19		8.03	
	金华	56.87	125.88	1.25	5.07	7.34	16.24	3.83	15.53
	衢州	13.36		0.68		1.72		2.08	
	丽水	7.70		0.52		0.99		1.59	
浙东	宁波	154.67		5.20		19.96		15.94	
	台州	53.88	221.24	0.99	7.51	6.95	28.55	3.03	23.02
	舟山	12.69		1.32		1.64		4.05	

2. 科技财力资源的空间配置强度

表 2-5 数据显示，2011 年浙中北地带的科技财力资源配置强度普遍较高，其科技经费投入占 GDP 比重和 R&D 经费支出 GDP 比重分别达 4.32% 和 2.41%，比浙西南地带高 2.42 个百分点和 1.15 个百分点，比浙东地带高 1.87 个百分点和 0.72 个百分点。就浙中北地带的内部城市而言，杭州的科技资源配置强度位列第

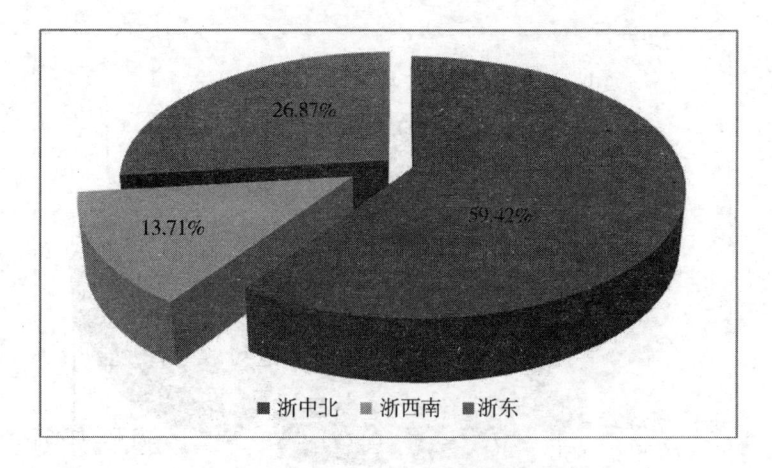

图 2-4 浙江科技活动经费空间配置数量分布

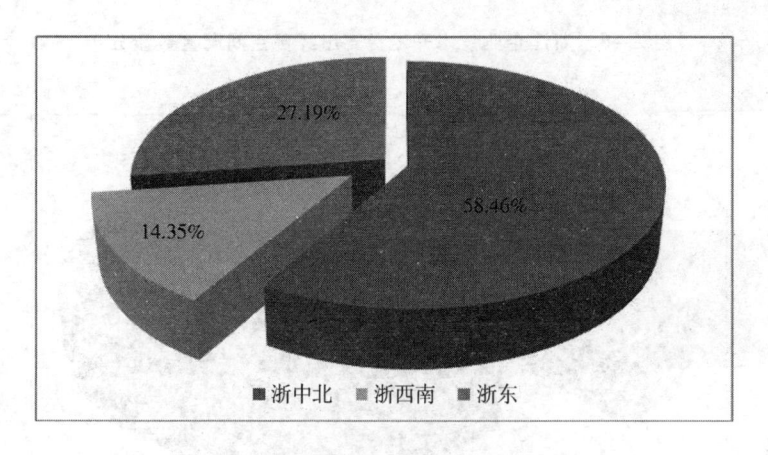

图 2-5 浙江 R&D 经费空间配置数量分布

一，嘉兴、绍兴和湖州分列第 2 位、第 3 位和第 4 位；相比之下，浙西南地带的资源配置强度普遍较低。其中，又以丽水的资源配置强度为最低，其科技经费配置强度和 R&D 经费配置强度分别比杭州低 3.91 个百分点和 2.23 个百分点；浙东地带的科技经费配置强度和 R&D 经费配置强度分别为 2.45% 和 1.69%，宁波是浙东地区科技财力资源配置强度最高的城市，其科技经费配置强度和 R&D 经费配置强度分别达 3.25% 和 1.89%。比较企业技术开发费配置强度和本级财政拨款配置强度，各经济地带也体现出显著的区域差异。同样，浙中北地带的配置强度高于浙西南地带和浙东地带，其

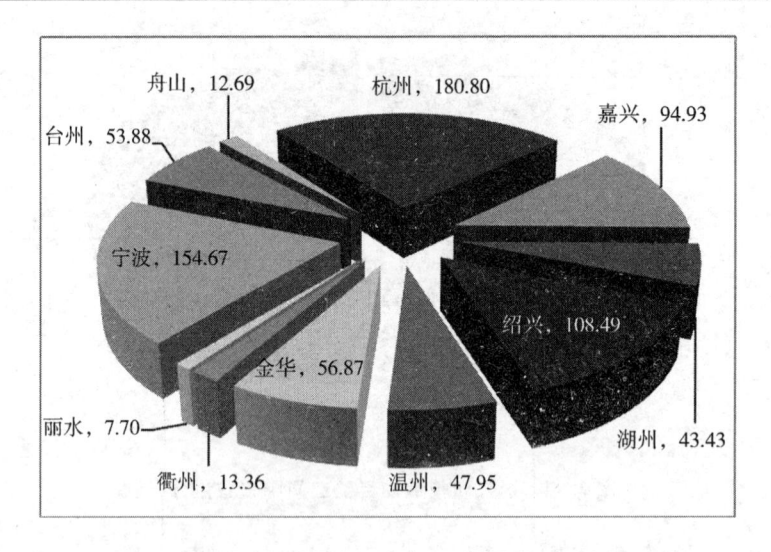

图2-6 浙江企业技术开发费支出经费空间配置数量分布

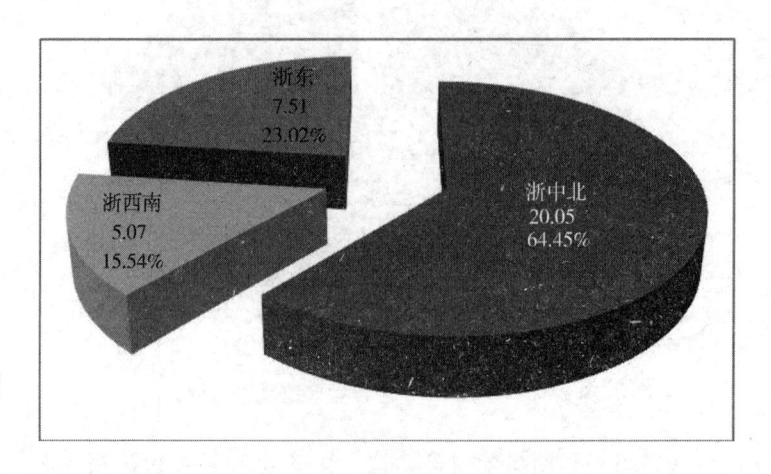

图2-7 浙江本级财政科技拨款空间配置数量分布

企业技术开发费占主营业务收入的比例和本级财政拨款占本级财政支出的比例分别为1.52%和6.97%,比浙西南地带的企业技术开发费配置强度和本级财政拨款配置强度分别高0.27个百分点和3.29个百分点,比浙东地带的企业技术开发费配置强度和本级财政拨款配置强度分别高0.15个百分点和2.77个百分点。就城市而言,杭州的企业技术开发费配置强度和本级财政拨款配置强度最高,而丽水的企业技术开发费配置强度最低,衢州的本级财政拨款配置强度最低。

　　值得一提的是，与科技经费投入配置强度、R&D 经费配置强度和本级财政拨款配置强度相比，企业技术开发费配置强度的区域分布差异相对较小，浙中北地带和浙西南地带的配置强度差异仅为 0.27 个百分点，这也在从一个侧面反映出作为创新活动的主体，全省企业正积极投身于科技创新活动之中。

表 2-5　　　　　浙江科技财力资源空间配置强度分布

地带	地级市	科技经费投入占 GDP 比重（%）		R&D 经费支出占 GDP 比重（%）		企业技术开发费占主营业务收入比例（%）		本级财政科技拨款占本级财政支出比重（%）	
浙中北	杭州	5.06	4.32	2.88	2.41	1.50	1.52	7.59	6.97
	嘉兴	4.04		2.20		1.77		4.72	
	湖州	3.16		1.82		1.50		5.70	
	绍兴	3.53		1.86		1.39		7.55	
浙西南	温州	1.67	1.91	1.08	1.26	1.16	1.25	3.81	3.68
	金华	2.57		1.86		1.68		4.31	
	衢州	1.71		0.89		1.03		2.76	
	丽水	1.15		0.65		0.60		3.42	
浙东	宁波	3.25	2.45	1.89	1.69	1.31	1.37	4.27	4.20
	台州	2.54		1.42		1.63		4.00	
	舟山	2.20		1.29		1.25		4.07	

二　浙江科技资源空间配置现状的综合评价

（一）评价方法：主成分分析法

　　主成分分析（Principal Components Analysis，PCA）也称主分量分析，其最早是作为多元数据的降维处理技术而提出的。作为一种经典的综合评价方法，PCA 在自然、生物、医学、管理和社会经济领域得到了极为广泛的应用。本质上看，PCA 是一个借助

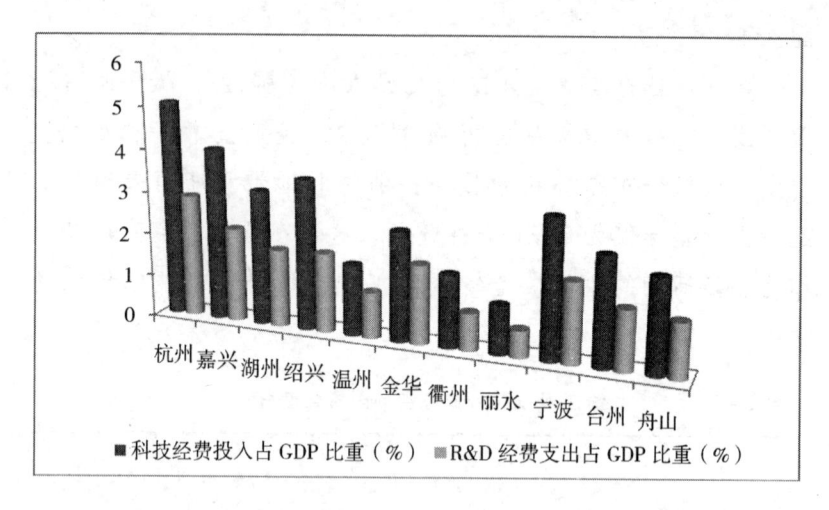

图 2-8　浙江科技经费和 R&D 经费空间配置强度分布

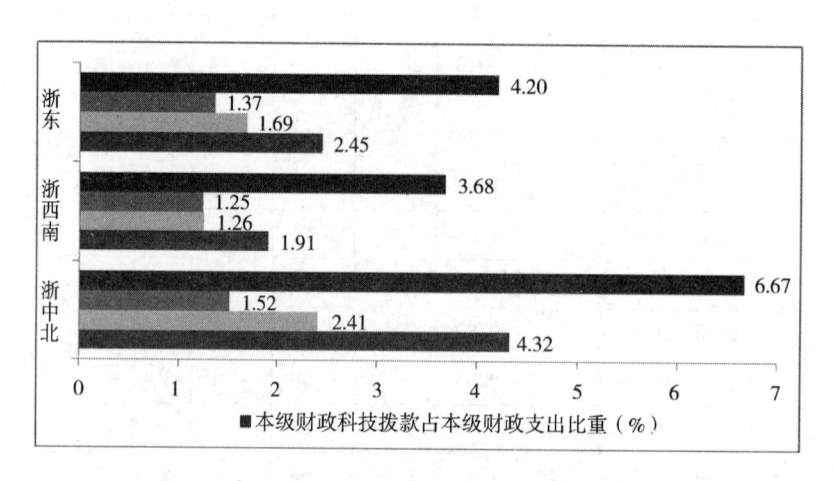

图 2-9　浙江科技财力资源空间配置强度分布

正交变换将分量相关的原随机向量转化成分量不相关的新随机向量的过程。这个过程的代数表现是原随机向量的协方差阵向对角形阵的转换，而几何表现则是原坐标系向新的正交坐标系的转换。基于正交坐标系指向样本点的 p 个正交方向，实现对多维变量系统的降维处理，使之能以较高的精度转换成低维变量系统。并且，通过适当价值函数的构造实现低维变量系统向一维变量系统的转化。假设降维前的变量共有 p 个，经标准化处理后的变量分别记为：X_1、X_2、…、X_p，PCA 法可将其综合成 m 个主成分，经标准化处理后的变量分别记为"第一主成分""第二主成分"……"第 m 主成分"。各主成分和变量之间的线性组合关系如下：

$$\begin{cases} f_1 = a_{11}x_1 + a_{12}x_2 + a_{13}x_3 + \cdots + a_{1p}x_p \\ f_2 = a_{21}x_1 + a_{22}x_2 = a_{23}x_3 + \cdots + a_{2p}x_p \\ f_m = a_{m1}x_1 + a_{m2}x_2 + a_{m3}x_3 + \cdots + a_{mp}x_p \end{cases} \quad (2\text{—}1)$$

其中，$a_{k1}^2 + a_{k2}^2 + \cdots + a_{kp}^2 = 1$（k = 1, 2, …, m; m ≤ p）。

其中，PCA 的基本步骤一般分五步：（1）对原始数据作标准化处理；（2）计算相关系数矩阵；（3）计算相关系数矩阵的特征根；（4）计算特征向量；（5）构造 PC 评价函数。

（二）指标体系和数据来源

我们采用 PCA 对浙江科技资源的空间配置现状进行评价。考虑到"每万人口科技活动人员数"和"每万人口 R&D 人员数"更能有效地反映浙江省科技人力资源空间配置的实际情况，而"科技经费投入占 GDP 比重""R&D 经费支出占 GDP 比重""企业技术开发费占主营业务收入比例"和"本级财政科技拨款占本级财政支出比重"是目前较为通用的科技财力资源投入规模、科技财力资源投入水平和科技创新能力高低的衡量指标，对浙江科技资源空间配置现状的评价指标体系就由上述六项指标构成①。原始数据如表 2-6 所示。

---

① 绝对数指标和相对数指标都具有自身独特的优势。我们认为，相对数指标更能反映科技资源的空间配置现状。许多学者表达了和我们一致的观点。如樊华和周德群（2012）在进行中国省域科技创新效率演化及其影响因素研究时，认为"采用绝对数指标数据不能反映区域科技创新投入强度和科技创新对区域产出的贡献"，而选择"科技活动人员占就业人员比重""R&D 人员占科技活动人员比重""科技经费支出占 GDP 比重"和"地方财政科技拨款占地方财政支出比重"作为科技资源的投入指标。另外，管燕等（2011）、范斐等（2012）等均表达了类似的观点。

表 2-6　　　　浙江科技资源空间配置现状评价原始数据

地区	每万人口科技活动人员数（人）H1	每万人口R&D人员数（人）H2	科技经费投入占GDP比重（%）F1	R&D经费支出占GDP比重（%）F2	企业技术开发费占主营业务收入比例（%）F3	本级财政科技拨款占本级财政支出比重（%）F4
杭州	190.12	113.57	5.06	2.88	1.50	7.59
宁波	139.46	93.70	3.25	1.89	1.31	4.27
温州	53.22	29.34	1.67	1.08	1.16	3.81
嘉兴	117.90	66.91	4.04	2.20	1.77	4.72
湖州	67.93	41.59	3.16	1.82	1.50	5.70
绍兴	102.96	55.14	3.53	1.86	1.39	7.55
金华	58.69	35.37	2.57	1.46	1.68	4.31
衢州	43.79	21.97	1.71	0.89	1.03	2.76
舟山	58.97	37.11	2.20	1.29	1.25	4.07
台州	81.42	47.06	2.54	1.42	1.63	4.00
丽水	30.52	18.30	1.15	0.65	0.60	3.42

（三）评价过程与评价结果

1. 相关性分析

表 2-7 列示了将原始数据转化为自然对数并进行 Z 标准化处理之后的相关分析结果[①]。数据显示，每万人口科技活动人员数、每万人口 R&D 人员数、科技经费投入占 GDP 比重、R&D 经费支出占 GDP 比重、本级财政科技拨款占本级财政支出比重、企业技术开发费占主营业务收入比例六项指标之间存在显著的正相关关系，意味着指标之间具有较强的信息重叠。

表 2-7　　　　科技资源评价指标相关系数矩阵

指标	ZLNH1	ZLNH2	ZLNF1	ZLNF2	ZLNF3	ZLNF4
ZLNH1	1	0.991	0.935	0.941	0.677	0.72

---

① 我们分别用原始数据、对数化转换后的数据和平方非线性化转换后的数据进行 PCA 分析：原始数据标准化后的 PCA 得出第一主成分的贡献率为 80.61%，采用对数化数据 PCA 得到的第一主成分贡献率显著提高，而平方非线性转换后的 PCA 第一主成分贡献率反而进一步下降。比较而言，我们选择对数化主成分综合评价方法对浙江省科技资源空间配置现状进行综合评价。

续表

指标	ZLNH1	ZLNH2	ZLNF1	ZLNF2	ZLNF3	ZLNF4
ZLNH2	0.991	1	0.92	0.935	0.657	0.708
ZLNF1	0.935	0.92	1	0.991	0.802	0.803
ZLNF2	0.941	0.935	0.991	1	0.810	0.806
ZLNF3	0.677	0.657	0.802	0.810	1	0.495
ZLNF4	0.720	0.708	0.803	0.806	0.495	1

2. 主成分提取分析

我们基于 SPSS 16.0 软件计算得到了方差分解主成分提取分析表。如表 2-8 数据显示，第一主成分的特征值为 5.099，且贡献率为 84.987%，能较全面地反映原始数据包含的信息。我们据此选择第一主成分构造综合评价函数。

表 2-8　　　　主成分特征值和方差贡献率表

成分	初始特征值 合计	方差贡献率%	累积方差贡献率%	提取平方和载入 合计	方差贡献率%	累积方差贡献率%
1	5.099	84.987	84.987	5.099	84.987	84.987
2	0.512	8.525	93.512			
3	0.337	5.622	99.134			
4	0.036	0.601	99.735			
5	0.012	0.200	99.935			
6	0.004	0.065	100.000			

3. 综合评价得分

第一主成分的特征向量矩阵为：[0.1880 | 0.1863 | 0.1940 | 0.1951 | 0.1569 | 0.1604]

综合评价函数为：$F = F1 = 0.1881X1 + 0.1863X2 + 0.1940X3 + 0.1951X4 + 0.1569X5 + 0.1604X6$

基于综合评价函数,我们计算得到 2011 年浙江各地级市的科技资源配置评价得分和排名,如表 2-9、图 2-10 和图 2-11 所示。结果表明,汇聚了全省近 1/3 科技人力资源和科技财力资源的杭州市以其无与伦比的优势位居排名榜的首位,其科技资源配置综合得分为 1.585,远远领先于其他十个地级市;嘉兴和绍兴两市因具备相对丰富的科技财力资源而获得 0.860 和 0.729 的综合得分,居于综合排名榜的第二名和第三名。比较而言,既不具备充足科技人力资源又不具备出色财力资源配置的温州、衢州和丽水三市,最终以 -0.739、-1.208 和 -1.884 的综合得分名列综合排名榜的最后三位。值得注意的是,评价结果还反映出浙江科技资源空间配置的一个显著特征,那就是——浙江科技资源的空间配置遵循由浙中北——浙东——浙西南依次递减的规律。

表 2-9　　浙江科技资源空间配置现状综合得分与排名

地带	浙中北				浙西南				浙东		
地级市	杭州	嘉兴	湖州	绍兴	温州	金华	衢州	丽水	宁波	舟山	台州
综合得分	1.585	0.860	0.326	0.729	-0.739	-0.057	-1.208	-1.884	0.656	-0.348	0.079
排名	1	2	5	3	9	7	10	11	4	8	6

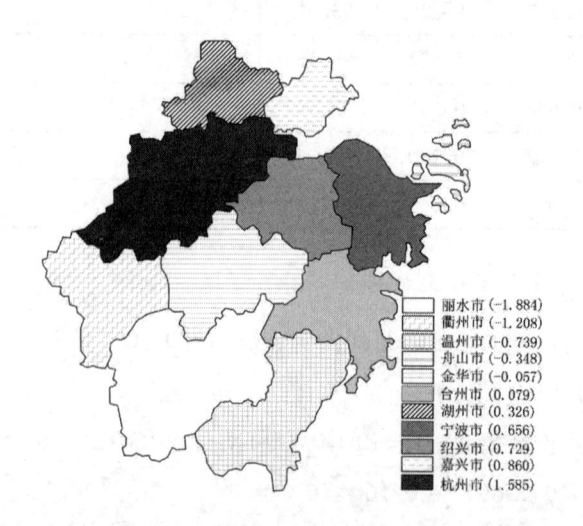

图 2—10　浙江科技资源空间配置综合得分分布

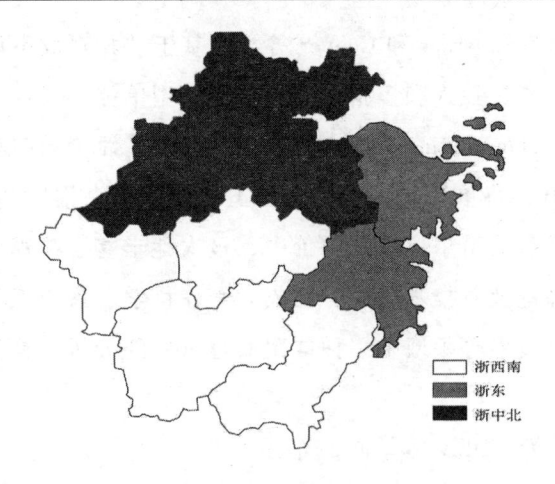

图 2—11 浙江科技资源空间配置分布

第二节 浙江科技资源空间配置效率：基于 DEA 的测度

所谓科技资源配置效率，是指科技资源的投入产出比，即以最小的科技资源投入获取最大的科技产出的能力。自从 Charnes 等 (1978) 首次提出数据包络分析方法 (DEA) 之后，该方法被广泛应用于资源配置效率测度的各个领域，也同样被应用于科技资源配置效率的测度问题 (Sherman and Gold, 1985; Sueyoshi, 1994; Rajiv, etc. al, 2004)。本部分内容将借助 DEA 模型对浙江省各地级市的科技资源空间配置效率进行定量测度，通过综合效率、纯技术效率和规模效率的分解，判断各地级市科技资源空间配置非 DEA 有效的深层次原因。并且，通过投入指标和产出指标的松弛变量分析和投影分析，探究各地级市科技资源是否存在投入冗余或存在产出不足的具体情况。

一 效率测度的 DEA 模型

（一）DEA 基本思想及其主要特征

数据包络分析法（Data Envelopment Analysis, DEA）是美国

著名运筹学家 Charnes 和 Cooper 等学者基于"相对效率评价"概念，根据多指标投入和多指标产出对同类型单位（又称"决策单元"）（Decision Making Unit）进行相对有效性评价的一种系统分析方法。DEA 将单投入、单产出的工程效率概念推广到多投入、多产出的同类决策单位有效评价中，极大地丰富了微观经济中的生产函数理论及其技术应用，已成为管理科学、系统工程和决策分析、评价技术等领域中一种常用而且重要的分析工具和研究手段。

一般认为，DEA 具有如下优点：

1. 评价指标的包容性。构成 DEA 的评价指标不仅可包含经济学、金融学、管理学等领域的结构化因素，还可包含人文、社会、心理学等领域中的非结构化因素。同时，各指标的量纲一般不相同，也可以使用无量纲指标。

2. 赋权过程的客观性。DEA 以决策单元的输入输出权重为变量，由决策单元的实际数据求得最优权重，其赋权过程具有较强的客观性。

3. 算法的简化性。依据 DEA 方法、模型和理论，可以直接利用输入输出数据建立非参数模型，而不必确定输入数据和输出数据之间显性的关系表达式。

4. 评价功能的拓展性。DEA 不仅可以评估和比较各 DMU 的相对有效性，还可以通过投影方法发现非 DEA 有效和弱有效的原因与改进方向，从而为效率提升提供指导性的建议。

（二）基于规模报酬可变（VRS）的 BCC 模型

自 Charnes、Cooper 和 Rhodes（1978）提出第一个规模报酬不变（CRS）的 CCR 模型以来[1]，DEA 模型已陆续派生出了一系列新形式。其中，以 Banker、Charnes 和 Cooper（1984）提出的规模

---

[1] Charnes A, Cooper W W, Rhodes E.: Measuring the Efficiency of Decision Making Units, *European Journal of Operational Reasearch*, 1978, 2 (6): 429—444.

报酬可变(VRS)的 BCC 模型[1]、Fare 和 Grosskopf(1985)提出的满足规模收益非递增的 FG 模型[2]、Seiford 和 Thrall(1990)提出的满足规模收益非递减的 ST 模型最为经典[3]。从应用的角度看,又以 BCC 模型最为广泛,其模型具体表述如下[4]:

对于第 jo($0 \leq jo \leq 1$)个决策单元,面向输入的 BCC 及其对偶规划分别为:

$$(P_{BCC}^I) \begin{cases} \max \mu^T y_{jo} + \mu_0, \\ \text{s. t. } \omega^T x_j - \mu^T Y_j - \mu_o \geq 0, \ j=1, 2, \cdots, n, \\ \omega^T x_{jo} = 1, \\ \omega \geq 0, \ \mu \geq 0, \end{cases} \quad (2-3)$$

$$(D_{BCC}^I) \begin{cases} \min \theta, \\ \text{s. t. } \sum_{j=1}^{n} x_j \lambda_j \leq \theta x_{jo}, \\ \sum_{j=1}^{n} y_i \lambda_j \geq y_{jo}, \\ \sum_{j=1}^{k} \lambda_j = 1, \\ \lambda_j \geq 0, \ j=1, 2, \cdots, n, \end{cases} \quad (2-4)$$

若规划(P_{BCC}^I)的最优值等于 1,则称 DMU_{jo} 为弱 DEA 有效(BCC);若规划(P_{BCC}^I)存在最优解 ω^*,μ^*、μ_0^* 满足 $\omega^* > 0$,$\mu^* > 0$,并且最优值 $\mu^{*T} y_{jo} + \mu_0^* = 1$,则称 DMU_{jo} 为 DEA 有效(BCC)。

上面所介绍的 BCC 模型是面向输入型的,对称地,面向输出

---

[1] Banker R D, Charnes A, Cooper W W.: Some Models for Estimating Technical and Scale Inefficiencies in Data Envelpmment Analysis, *Management Science*, 1984, 30(9): 1087—1092.

[2] Fare R, Grosskopf S.: A Nonparametric Cost Approach to Scale Efficiency, *Scandinavian Journal of Economics*, 1985, 87(4): 594—604.

[3] Seiford L M, Thrall R M. Recent Development in DEA: The Mathematical Programming Approach to Frontier Analysis, *Journal of Econometrics*, 1990, 46(1, 2): 7—38.

[4] 魏权龄:《数据包络分析》,科学出版社 2004 年版。

的 BCC 模型及其对偶规划分别为：

$$(P_{BCC}^{0}) \begin{cases} \min \mu^T x_{jo} - \mu_0, \\ \text{s.t. } \omega^T x_j - \mu^T y_j - \mu_0 \geq 0, \quad j=1,2,\cdots,n, \\ \mu^T y_{jo} = 1, \\ \qquad\qquad \omega \geq 0, \mu \geq 0, \end{cases} \quad (2\text{—}5)$$

$$(D_{BCC}^{0}) \begin{cases} \max z, \\ \text{s.t. } \sum_{j=1}^{n} x_j \lambda_j \leq x_{jo}, \\ \qquad \sum_{j=1}^{n} y_j \lambda_j \geq z y_{jo}, \\ \qquad \sum_{j=1}^{k} \lambda_j = 1, \\ \qquad \lambda_j \geq 0, \quad j=1,2,\cdots,n, \end{cases} \quad (2\text{—}6)$$

若规划（P_{BCC}^{O}）的最优值等于 1，则称 DMU_{jo} 为弱有效（BCC）；若规划（P_{BCC}^{O}）存在最优解 ω^*、μ^*、μ_0^* 满足 $\omega^* > 0$，$\mu^* > 0$，并且最优值 $\omega^{*T} x_{jo} - \mu_0^* = 1$，则称 DMU_{j0} 为有效（BCC）。

二 浙江科技资源空间配置效率：基于 DEA 的测度

（一）科技资源空间配置效率指标体系构建

科技资源配置效率的本质体现是科技资源的投入产出转化率。因此，建立恰当的科技投入产出指标体系是准确测度浙江科技资源空间配置效率的前提。基于"系统性、有效性、可操作性"的原则并参考《浙江省各年度设区市科技进步统计监测评价报告》的科技统计监测评价指标，我们设置的浙江科技资源空间配置效率的评价指标体系包括四项投入指标和三项产出指标，指标形式统一为相对数形式①，具体构成如表 2-10 所示：

---

① 选择相对数形式的评价指标有利于消除投入产出规模对评价结果的影响，也有利于投入强度与产出效率的对比，樊华和周德群（2012）也持相同意见。另外，管燕等（2011）、范斐等（2012）等均采用相对指标进行科技投入产出效率的评价。

第二章 创新资源：空间布局与配置效率

表 2-10　浙江科技资源空间配置效率的评价指标体系

指标类型	投入指标（Input Indicators）				产出指标（Output Indicators）		
指标名称	每万人口 R&D 人员数（人）	R&D 经费支出占 GDP 比重（%）	企业技术开发费占主营业务收入比例（%）	本级财政科技拨款占本级财政支出比重（%）	每万人口发明专利授权量（项）	工业新产品产值率（%）	高新技术产业增加值占工业增加值的比重（%）

考虑到科技资源投入到创造科技产出具有一定时滞性，为更准确地实现浙江科技资源空间配置效率的评价，我们将时滞定义为一年，即前一年的科技投入作用效果为本年的产出①。据此，2011年浙江科技资源空间配置效率评价系统及评价指标原始数据如图 2-12 和表 2-11 所示。

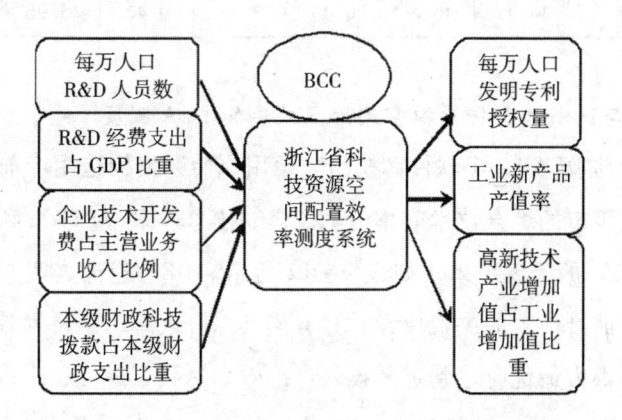

图 2-12　浙江科技资源空间配置效率测度系统

---

① 其实，对科技产出时滞的确定并没有统一的标准可参照，已有研究较多地确定为 1 年或 2 年。

表 2 – 11　　　浙江科技资源空间配置效率评价原始数据

地级市	投入指标				产出指标		
	每万人口R&D人员数（人）X1	R&D经费支出占GDP比重（%）X2	企业技术开发费占主营业务收入比例（%）X3	本级财政科技拨款占本级财政支出比重（%）X4	每万人口发明专利授权量（项）Y1	工业新产品产值率（%）Y2	高新技术产业增加值占工业增加值的比重（%）Y3
杭州	93.85	2.80	1.59	7.04	5.17	22.22	27.59
宁波	80.47	1.66	1.18	4.11	2.13	18.61	24.81
温州	28.17	1.15	1.20	3.70	0.68	11.60	29.47
嘉兴	58.15	2.09	1.72	4.43	0.79	30.95	19.53
湖州	31.99	1.64	1.44	5.18	1.28	24.68	24.14
绍兴	50.97	1.83	1.49	5.94	1.08	24.72	18.97
金华	31.13	1.32	1.50	4.26	0.66	18.31	22.19
衢州	16.53	0.82	1.00	2.45	0.44	14.81	32.1
舟山	35.86	1.22	1.12	4.04	0.52	24.13	16.48
台州	40.42	1.31	1.54	4.48	0.87	24.60	26.42
丽水	14.12	0.49	0.46	3.35	0.42	15.96	8.51

（二）浙江科技资源空间配置效率的 DEA 测度

借助 DEAP 2.1 软件和模型，运用原始数据构造生产前沿面得到各地级市的综合技术效率（TE）、纯技术效率（PTE）和规模效率（SE）的测度结果，如表 2 – 12 所示。DEA 理论表明，对于处在生产前沿面上的决策单元，只有当其综合效率、纯技术效率和规模效率都为最优时才判定其投入产出效率达到了最优，决策单元被称为 DEA 有效。数据显示，杭州、嘉兴、湖州、宁波、舟山、衢州和丽水七市的 TE 值为 1，意味着这些地区的科技资源配置均为 DEA 有效，这些地区科技资源配置过程中的投入力度和产出规模实现了最佳耦合状态。同时，上述地区科技资源投入的聚集规模报酬不变，表明对其投入的科技资源能够产出高效稳固的规模收益。

比较而言，温州、绍兴、金华和台州四市的 TE 值不为 1，表明这些地区的科技资源配置并非 DEA 有效。当然，我们并不能绝对地认为这四个地级市的科技资源利用效率低下，因为在同一时间内，科技投入与科技产出是非对应的。同时，对科技产出滞后期的确定尚不存在统一的参照标准。

通过对纯技术效率（PTE）和规模效率（SE）的分析，我们尝试寻找造成温州、绍兴、金华和台州四市的科技资源配置非 DEA 有效的深层次原因。数据显示，台州的 PTE 为 1 而 SE 却小于 1，这意味着与其他三个地级市相比，台州基于目前的技术水平对科技资源的使用还是有效率的，未能达到综合有效的根本原因在于其生产规模，即现有的生产规模尚未达到最优生产规模；不同的是，温州、绍兴、金华三市的 TE 和 SE 均小于 1，这意味着温州、绍兴、金华三市基于目前技术水平尚未实现对科技资源的充分利用，而且绍兴和金华呈现科技资源投入规模报酬递减现象，这表示科技资源投入对产出的推动力度已进入衰减阶段。特别要指出的是，尽管温州尚未实现科技资源配置的 DEA 有效，但科技资源投入对科技产出推动作用相对较大，其科技发展潜力尚未得到充分挖掘。

表 2-12　　　　　　浙江科技资源配置效率评价结果①

决策单元	综合效率 TE	纯技术效率 PTE	规模效率 SE	规模报酬
杭州	1.000	1.000	1.000	—
宁波	1.000	1.000	1.000	—
温州	0.800	0.813	0.984	IRS
嘉兴	1.000	1.000	1.000	—
湖州	1.000	1.000	1.000	—

① 综合效率 = 纯技术效率 × 规模效率；DRS 表示规模报酬递减；—表示规模报酬不变，IRS 表示规模报酬递增。

续表

决策单元	综合效率 TE	纯技术效率 PTE	规模效率 SE	规模报酬
绍兴	0.779	0.853	0.912	DRS
金华	0.757	0.775	0.977	DRS
衢州	1.000	1.000	1.000	—
舟山	1.000	1.000	1.000	—
台州	0.985	1.000	0.985	DRS
丽水	1.000	1.000	1.000	—

（三）非 DEA 有效地级市的松弛变量分析

为深入探究非 DEA 有效的真正原因，即判断温州、绍兴、金华和台州四市的科技资源配置是否存在投入冗余或产出不足的具体情况，我们进一步开展浙江科技资源投入指标和产出指标的松弛变量分析。

表 2-13 列示了温州、绍兴、金华和台州四市的投入指标松弛变量分析结果。如果松弛变量值为 0 便意味着决策单元充分利用了科技资源，科技资源投入实现了效率最大化；反之，当松弛变量值不为 0，那就意味着决策单元并未充分利用科技资源，该科技资源投入对科技产出的作用尚未得到充分发挥。数据显示，在四个非 DEA 有效的地级市当中，温州、绍兴和金华三市的投入指标松弛变量值不为 0，说明该三个地级市的科技投入资源投入要素存在一定的剩余，尚未充分发挥利用。其中，温州和绍兴两市仅有效利用了企业技术开发费用，而金华市则对 R&D 人员、R&D 经费支出和本级财政科技拨款三项投入进行了充分利用，却未对企业技术开发费做到有效利用。

同样的，如果产出指标的松弛变量值为 0，就意味着决策单元基于投入指标定值实现了产出最大化；反之，如果产出指标的松弛变量值不为 0，就意味着决策单元的产出总量偏低，表现为产出不足。表 2-14 数据显示，温州存在发明专利产出不足的现象，而金华和台州两市则存在高新技术产业增加值不足的现象。

表 2-13　温州等四市的科技资源投入松弛变量分析结果①

决策单元	Input1	Input2	Input3	Input4
温州	2.653	0.047	0.000	0.231
绍兴	0.861	0.049	0.000	0.544
金华	0.000	0.000	0.009	0.000
台州	0.000	0.000	0.000	0.000
平均值	0.319	0.009	0.001	0.070

表 2-14　温州等四市的科技资源产出松弛变量分析结果②

决策单元	Output1	Output2	Output3
温州	0.000	3.706	0.000
绍兴	0.000	0.000	0.000
金华	0.000	0.000	6.544
台州	0.000	0.000	0.928
平均值	0.000	0.337	0.679

（四）非 DEA 有效地级市的投影分析

对非 DEA 有效的评价单元还可借助投影分析来探究其与有效水平的差距。所谓投影分析是通过非 DEA 有效评价单元在相对有效面上的"投影"，获取非 DEA 有效地区与有效水平的差距，指出造成非 DEA 有效的原因并据此实现有效目标值。设 λ^0，S_0^-，S_0^+，θ_0 是线性规划的最优解，令：

$$\widehat{X}_0 = \theta_0 X_0 - S_0^- = \sum_{j=1}^{n} \lambda_j^0 X_j \tag{2-7}$$

---

① Input1：每万人口 R&D 人员数；Input2：R&D 经费支出占 GDP 比重；Input3：企业技术开发费占主营业务收入比例；Input4：本级财政科技拨款占本级财政支出比重。
② Output1：每万人口 R&D 人员数；Output2：每万人口发明专利授权量；Output3：高新技术产业增加值占工业增加值的比重。

$$\widehat{Y}_0 = Y_0 + S_0^+ = \sum_{j=1}^{n} \lambda_j^0 X_j \qquad (2-8)$$

其中，S_0^-、S_0^+ 为模型中第 j 个决策单位的投入和产出松弛变量，$\hat{X}_0$，$\hat{Y}_0$ 为评价单元 DMU_j 对应的在 DEA 的相对有效面上的"投影"。

为进一步考察温州、金华、绍兴和台州四市的科技资源配置效率提升方向，明确各地级市投入产出指标水平与 DEA 有效水平的差距，以此构成制定改善投入浪费或提高产出措施的数量依据，我们进一步开展投影分析。根据松弛变量分析值和原有数据的投影结果，温州、金华、绍兴和台州四个非 DEA 有效地级市的各项指标的有效目标值如表 2-15 所示。

表 2-15　　　　温州等四市的投影分析有效目标值

决策单元	$\hat{X}_1$	$\hat{X}_2$	$\hat{X}_3$	$\hat{X}_4$	$\hat{Y}_1$	$\hat{Y}_2$	$\hat{Y}_3$
温州	20.241	0.888	0.975	2.776	0.680	15.306	29.470
绍兴	42.626	1.513	1.271	4.524	1.080	24.720	18.970
金华	24.126	1.023	1.154	3.302	0.660	18.310	28.734
台州	40.420	1.310	1.540	4.480	0.870	24.600	27.348

由此可见，若要实现科技资源投入的 DEA 有效，温州、绍兴、金华和台州四市需调整投入产出结构。其中，温州和金华两市须同时调整科技资源投入结构和科技产出结构。具体来看，温州可节省 16.01% 的 R&D 人员、24.26% 的 R&D 经费支出、19.40% 的企业技术开发费和 24.25% 的本级财政科技拨款，同时可提升 3.71 个百分点的工业新产品产值率；金华可节省 11.93% 的 R&D 人员、20.34% 的 R&D 经费支出、23.07% 的企业技术开发费和 22.49% 的本级财政科技拨款，同

时提升 6.54 个百分点的高新技术产业增加值率。相比之下，绍兴只需通过科技资源投入结构的调整即可达到 DEA 有效，即节省 16.37% 的 R&D 人员、17.32% 的 R&D 经费支出、14.70% 的企业技术开发费和 16.13% 的本级财政科技拨款，即可实现科技资源投入的 DEA 有效；台州则需通过科技产出结构的调整，即提升 0.93 个百分点的高新技术产业增加值率，便可实现科技资源投入的 DEA 有效。

第三节　浙江科技资源空间配置效率：基于科技进步贡献率的测度

科技进步贡献率是指科技进步增长对经济增长的贡献份额，是衡量国家或地区科技进步在经济增长中贡献大小的重要综合指标，也是测度科技资源空间配置效率的另一种有效途径。本部分内容将通过科技进步贡献率测算方法的探讨，定量测度浙江省各地级市的科技进步贡献率，最后我们还将对测算结果进行客观解读。

一　科技进步贡献率测度方法

测度科技进步贡献率往往基于经济增长速度方程，而经济增长速度方程的构建又须以生产函数为前提，因此基于不同生产函数构造的增长速度方程具有不同的特征，据此测算的科技进步贡献率也将体现出一定的差异。综观相关文献，以下三种方法是较为常用的科技进步贡献率测算方法。

（一）Solow"余值法"

1957 年，美国经济学家 Solow 在其著名的论文《技术进步与总生产函数》中将科技进步变量纳入了 C—D 生产函数。基于系列假设，如市场条件为完全竞争市场、技术进步是希克斯中性技术进步、生产要素投入主要是资本和劳动力并且生产要

素在任何时候都可以得到充分利用等，Solow 推出了以下增长速度方程[①]

$$Y = A + \alpha K + \beta L \qquad (2-9)$$

其中，Y、A、K、L 分别表示经济增长速度、科技进步增长速度、资本投入增长速度和劳动力投入增长速度，α、β 分别表示资本产出弹性和劳动产出弹性。式（2-9）经变形可得

$$Y = A + \alpha K - \beta L \qquad (2-10)$$

公式（2-10）的经济学意义是从经济增长中扣除资本投入和劳动力投入所引起的经济增长，所得到的余值便是科技进步对经济增长的贡献。据此，科技进步贡献率便可写成

$$E = \frac{A}{Y} \times 100\% \qquad (2-11)$$

这就是著名的 Solow 余值法。Solow 余值法开创了经济增长源泉分析的先河，是新古典增长理论的一个重要贡献。尽管 Solow 的研究存在一些缺陷，但他的研究揭示了经济增长是多种因素共同作用的结果，除了生产投入要素之外，技术进步也同样起着重要作用。同时，该法也是目前国内外应用最为广泛的科技进步贡献率测算方法。

（二）Denison "增长因素分析法"

20世纪60年代初，美国布鲁金斯学会的研究人员 Denison 基于 S. Kuznets 的国民收入核算和分析，在《美国经济增长的核算》一书中对经济增长因素进行了深入与详细的分解，并提出了用增长核算法计算科技进步贡献率的具体思路[②③]。

[①] Solow R M.: Technical Change and the Aggregate Production Function, *Review of Economics and Statistics*, 1957, 39 (3): 312—320.

[②] Denison E F.: The Sources of Economic Growth in the United States and the Alternatives Before Us, New York: Committee for Economic Development, 1962.

[③] Danison E F.: Why Growth Rates Differ: Post-war Experience in Nine Western Countries, Washington Brookings Institution, 1967.

表 2-16　　Denison 对美国经济增长因素的具体分解

经济	影响因素	因素分解	
国民收入	总投入	劳动	就业
			工时
			年龄和性别构成
			教育
			未分解的劳动
		资本	存货
			建筑和设备
			住宅
			海外投资
		土地	
	单位产出投入	资源配置效率提高	农业劳动的减少
			非农业独立经营者
		规模节约	扩大经济规模
			消费结构变化
		知识进步	

Denison 认为，促进经济增长的因素既包括生产要素的投入（总投入）也包括生产率的提高（单位产出的投入），其对生产要素和生产率进行了进一步地分解，如表 2-16 所示。Denison 指出，在各类经济增长因素中只有知识进步因素是无法直接计算的，只能借助间接估算。Denison 称知识进步带来的产出增长速度为"剩余的剩余"，其估算公式可表达为：

$$A = Y - M - (R + S) \qquad (2-12)$$

其中，A、Y、M、R、S 分别表示知识进步带来的产出增长速度、国民收入增长速度、总投入增长速度、资源配置改善带来的产出增长速度和规模节约带来的产出增长速度。可见，这一方法与 Solow 余值法基本思想大体相同，也是用"余值"来测算科技进步，但研究更为细致。这一更加细致的分类，为后人研究如何准确地测算科技进步对经济增长的贡献提出了一种思路。但因考虑因素较多,这种方法的实际测算较为不便。

(三) Jorgenson "超越对数生产函数法"

20世纪70年代,美国经济学家D. Jorgenson为保证产出和投入数量的精确计算,提出了超越对数生产函数并把总量产出、资本投入与劳动投入进行了细致的分解。在他的论文《生产率变化的解释》中,Jorgenson将劳动力按行业、性别、年龄、教育、就业类别和职业六个特征进行交叉分类,并认为劳动投入的增长是工作小时数和劳动质量这两个要素变动的总和[1]。超越对数生产函数的具体形式为:

$$\ln Y = \alpha + \sum_{i=1}^{n} b_i \ln x_i + \frac{1}{2} \sum_{i=1}^{n} \sum_{j=1}^{N} c_{ij} \ln x_i \ln x_j \qquad (2-13)$$

其中,x_1, x_2, …, x_N代表N种投入要素,α, b_i, c_{ij} (I, j = 1, 2, …, N) 均为参数。超越对数生产函数是CD函数的一个推广,它把产出的自然对数作为因变量,把各要素的对数$\ln x_j$当作自变量时任意一个二阶可微函数在各自变量为零处的二阶泰勒级数的近似表达式。

与其他形式的生产函数相比,超越对数生产函数允许要素间的替代弹性是可变的(其交叉项反映了要素之间的替代性),这种可变性便于灵活选择投入要素进行有针对性的研究,因而受到了各国学者的重视。但是,由于过多的参数和易出现多重共线性等问题,超越对数生产函数的应用受到了较大的限制。

二 浙江科技资源空间配置效率:基于科技进步贡献率的实际测度

(一) 测度方法与指标选择

我们选择Solow余值法来测算2011年浙江省各地级市的科技

---

[1] Jorgenson D W.: Productivity: Postwar U.S. Economic Growth, Cambridge, MA, MIT Press, 1995.

进步贡献率。运用 Solow 余值法测算科技进步贡献率的首要前提是对产出测度指标、资本投入测度指标和劳动力投入测度指标的选择。就已有的研究文献来看，对测度指标的选择充满分歧：如经济产出测度指标可选择"国内生产总值（GDP）""全社会总产出"和"国民生产总值（GNP）"；劳动力投入测度指标既可选择"职工人数"、"全社会从业人数"等劳动者数量指标，也可选择"职工工资"和"劳动报酬"等报酬指标；资本投入测度指标的选择更为复杂，相关统计指标包括"物质资本形成存量""全社会固定资产投资""固定资本形成总额""固定资产原值年末数""生产性固定资产原值年末数""每年新增生产性固定资产总额"和"固定资产净值年末余额"等。

我们认为，GDP 是反映一段时间内一个地区生产要素投入后增加的最终价值，最适合作为产出的测度指标，因此，我们选择 GDP 衡量浙江省各地级市的经济产出；考虑到劳动者数量指标具有"能简明直接地体现劳动投入量的规模、不存在价格调整问题、统计数据容易获得"等优势，并且劳动者报酬指标易受劳动工资改革、劳动法推行等国家政策影响等特征，我们最终以"从业人员总数"衡量浙江省各地级市劳动力投入指标。

资本投入实际上是指生产过程中使用的资本服务量，鉴于估计资本服务量较为困难，实践中常从资本存量入手。从存量核算的角度来看，支出法核算 GDP 中的"固定资本形成总额"是最理想的指标，因为它本身就是当年形成的可用于生产的资产。然而，由于无法获得浙江省各地级市的支出法 GDP 构成数据，我们只能以"全社会固定资产投资"指标代替。

（二）模型参数估计

对资本产出弹性 α 和劳动产出弹性 β 的估算亦可采用不同的方法，较为常用的包括回归法、产出份额法、经验法等。其中，所谓回归法是基于历年的 GDP、固定资产投资总额和全社会从业人员相关数据，将借助最小二乘法估计获得的回归系数作为 α 和 β 的取值。产出份额法是西方经济学家较为推崇的一种方法,他们认为资本获得利润、劳动力获得工资,因此资本产出弹性就是利润占国民收入的份额,而工资与国民收入之比便是劳动产出弹性。在实际应用时,产出份额法的应用前提是支出法计算的 GDP,将营业盈余与支出法计算的 GDP 之比值取为资本产出弹性,而将劳动报酬与支出法计算的 GDP 之比定义为劳动产出弹性。所谓经验法是根据国内外学者的经验来确定 α 和 β 的取值。就已有的研究成果看,对我国资本产出弹性和劳动产出弹性的经验取值基本可分三类:第一类是直接采纳 WTO(1987)的建议,将资本产出弹性和劳动产出弹性分别取为 0.4 和 0.6,如陈修颖和陈颖(2012)[①];第二类是结合世界银行建议和实际情况进行调整,如郭克莎(1993)将 1978 年前的资本产出弹性和劳动产出弹性取为 0.6 和 0.4,而将 1978 年之后年份调整为 0.4 和 0.6[②];第三类是将资本弹性系数和劳动弹性系数分别取值 0.5 和 0.5(沈坤荣,1999)[③]。当然,也存在不同的调整方法,如董必荣等(2008)在测算江苏十三个地市的科技进步贡献率时,根据各地市的经济发展情况将苏南的资本产出弹性和劳动产出弹性取为 0.5 和 0.5,苏中取为 0.55 和 0.45,苏北则取为 0.60 和 0.40[④]。

我们认为,经验法易受研究机构或学者主观意识的影响,基于该法求得的资本产出弹性和劳动产出弹性缺乏客观性。同时,鉴于劳动报酬和营业盈余在收入法 GDP 中的份额具有较大的波动,基于该法计算的资本产出弹性和劳动产出弹性缺乏应有的稳定性。比

[①] 陈修颖、陈颖:《浙江省科技资源的区域差异及其空间配置效率研究》,载《地理科学》2012 年第 4 期。

[②] 郭克莎:《中国:改革中的经济增长与结构变动》,生活·读书·新知三联书店1993 年版。

[③] 沈坤荣:《经济发展阶段与增长方式转变》,载《数量经济与技术经济研究》1999 年第 9 期。

[④] 董必荣、施建军、李虎:《江苏经济发展阶段与科技进步贡献率探究》,载《审计与经济研究》2008 年第 6 期。

较而言，基于回归法求得的资本产出弹性和劳动产出弹性既具备客观性也具备稳定性，更适用于测算浙江各地市的科技进步贡献率。需进一步指出的是，由于各地级市尚未对支出法 GDP 的具体构成进行统计，我们基于 2001—2011 年浙江省相关数据实现了对资本产出弹性和劳动产出弹性的估算，计算结果为 $\alpha = 0.43$ 和 $\beta = 0.57$[①]。

（三）客观解读科技进步贡献率测算结果

我们得到的 2011 年浙江省各地市科技进步贡献率测算结果如表 2-17 所示。与科技资源空间配置现状综合评价结果和空间配置效率测算结果具有较大差异的是，丽水、衢州和金华三市的科技进步贡献率处于领先水平，其科技进步测算结果分别为 77.25%、68.66% 和 61.10%，位居十一个地级市科技进步贡献率排名的前三位；舟山、杭州和温州的科技进步贡献率测算结果相对较小，其值分别为 45.58%、37.69% 和 28.05%，位居十一个地级市科技进步贡献率排名的末三位。同时，三大经济地带的科技进步贡献率亦呈现出浙西南地带——浙东地带——浙中北地带依次递减的分布特征。

科技进步贡献率反映的是由于综合要素生产率的作用使经济产出增长的部分占全部经济产出增长的比重。科技进步贡献率是一个相对指标，它只是反映科技进步速度占经济增长速度的份额，其大小取决于经济增长速度、资本投入增长速度和劳动力投入增长速度。与经济增长速度相比，较快的从业人员增速和固定资产投资增速挤占了杭州科技进步拉动经济增长的空间，致使其科技进步贡献率的测算结果较小；同样的，温州的固定资产投资速度过快，致使其投资需求对经济增长的拉动力度显著得高于其他地市，其

---

① 我们选择"GDP 指标（支出法计）"来衡量经济产出，以"从业人员总数"指标来衡量劳动力投入，以支出法 GDP 构成中的"固定资本形成总额"指标来衡量资本投入。同时，采用永续盘存法估算我省历年的资本存量净额。

28.05%的科技进步贡献率测算结果也就不足为奇了；不同的是，丽水的固定资产投资增速较慢，其从业人员更是出现了负增长，科技进步对经济增长的促进作用就被强化了。因此，对经济相对发达的浙中北地带而言，由于资本较为充裕，人力资源的获取较为便利，资本和劳动投入规模较大、增速较快，其科技进步贡献率反而低于经济相对落后的浙西南地带便是十分正常的现象了。如同发达国家的经济增长速度常常低于发展中国家一样，发展是一回事，水平是另一回事（何锦义，2012）[①]。因此，我们并不能因此就认为浙中北地带的科技进步水平对经济增长的作用低于浙西南地带。

表2-17　　2011年浙江各地市科技进步贡献率测算结果

地带	浙中北				浙西南				浙东		
地市	杭州	嘉兴	湖州	绍兴	金华	温州	衢州	丽水	宁波	舟山	台州
科技进步贡献率（%）	37.69	48.50	50.09	48.80	61.30	28.05	68.66	77.25	64.14	45.58	58.80
排名	10	8	6	7	4	11	2	1	3	9	5

第四节　提升浙江科技资源空间配置效率的政策建议

一　统筹各地市的经济合作，实现科技资源空间布局的合理化

浙江科技资源主要集中于经济较为发达的浙中北地区和浙东地区，浙北地区的科技资源相对薄弱，科技资源空间布局与经济空间分布呈现较强的相关性。借助加大"腾笼换鸟"力度的契机，浙江省需进一步统筹省内各地市的经济合作。经济相对发达城市在实现产业转型升级的同时，应通过经济合作带动经济相对落后城市的共同发展，实现互通有无、优势互补，以经济的共同繁荣促进科技

[①] 何锦义：《关于科技进步贡献率的几点认识》，载《统计研究》2012年第8期。

资源空间布局的合理化。

二 重视科技资源的效率和效益，实现科技资源的有效配置

未来较长一段时间，转变经济增长方式，增加科技资源投入数量和投入强度将成为我省政府的政策选择。我们认为，科技资源投入数量的扩大和投入强度的提升需以科技资源空间配置效率为基本前提。如果无视各方面因素对科技投入资源效率的实际影响，当看到某个地区经济发展水平和产业结构水平相对较落后、科技资源数量较少或投入强度较低时，简单地提出要加大科技资源配置数量或提升科技资源配置强度而忽视科技资源配置效率，往往会因为缺乏具体针对性受到很多制约而出现偏差。有高投入未必会有高产出，不但推动经济增长和产业结构升级的目标难以实现，有时甚至会适得其反，导致产业结构的扭曲和科技资源的浪费。据此，加大我省科技资源配置数量和提升科技资源配置强度的唯一可行之路便是，以科技资源配置效率为前提，遵循"总量控制、结构调整、规模适度"的原则，合理地开展浙江科技资源的配置。

三 加强官产学研结合，促进科技成果的进一步转化

浙江应进一步加强政府、大学、科研机构以及企业之间的联合，加快科技成果的转化，协调企业的技术创新活动。作为科技活动的主体，政府、企业、大学和科研机构具有自身的分工。政府的作用主要是改善创新环境，对科技市场和科技活动进行有效的干预和适度调控；大学侧重于基础研究，承接教育和培训任务，为科研机构和企业不断输送人才；科研机构更侧重发展技术创新和试验发展研究；企业则侧重于利用科研机构的技术进行应用研究。目前来看，我省各科技活动主体之间存在一定程度的脱节，致使部分科技资源的闲置和浪费、科技产出的技术转化率较低、人才资源优势得不到充分发挥。因此，我省迫切需要建立一个风险共担、互利互惠、优势互补的官产学研互动机制，便于政府、企业、大学和科研

机构采取各种形式，在多个层次上展开合作。

四　建立客观评价科技进步贡献率和持续测算的政策机制

科技进步贡献率具有积极的作用，但不可避免地存在缺陷。因此，我省要大力普及科技进步贡献率的正确含义，使全省各级领导和社会各界正确理解贡献率的内涵，避免对贡献率作用不切实际的夸大。更重要的是，科技进步贡献率的测算结果极大地依赖于测算方法的选择、衡量指标的选择、测算数据质量高低、数据整理方式以及参数估计方法的选择等，采用不同方法对同一地区的科技进步贡献率测算结果可能具有较大的差异。我省应建立一种用固定方法和稳定数据源进行持续测算科技进步贡献率的政策机制，以实现对全省科技进步贡献水平的有效监测。

第三章 创新要素:多元集聚与高端引领

历史经验证明,借助创新要素的集聚、培育,发达国家部分产业快速实现了升级,这些国家在国际贸易格局中的既得利益得到了进一步强化,为发达国家摆脱20世纪80年代以来西方世界的经济萧条发挥了巨大作用。近年来,很多国家和地区政府都推行了积极的政策来支持和促进创新要素的集聚。在本章中,我们首先对集聚创新要素的国际经验进行了总结。接着,分析了浙江集聚创新要素的现状,最后对浙江如何进一步集聚高端创新要素提出了对策建议。

第一节 集聚创新要素的国际经验分析

本节在梳理创新要素等相关概念与理论的基础上,介绍了国际高端创新要素流动与集聚态势,并通过芬兰信息与通讯技术产业等典型案例归纳了世界级创新集聚区的五个基本特征。

一 创新要素的理论起源

(一)创新要素的内涵

简而言之,创新要素包括资源、资金、技术和人才等[①]。创新要素或创新要素的组合必须在区域创新体系中才能发挥作用。创新

---

① 陈兵:《创新要素的生态化配置研究》,载《社会科学论坛》2007年第2期。

要素或创新要素的新组合必须进入区域创新体系才能发挥作用。但不同的区域创新体系会对同一创新要素作出不同的评价，而同一创新要素对于不同的区域创新体系也具有不同的价值[1]。人才要素作为智力资源的载体占据主导地位，它对其他要素的能动组织和管理决定着企业其他创新要素的有效性和利用程度[2]。创新要素的空间集聚与扩散，特别是人才要素的集聚是影响现代区域经济发展的重要力量。创新要素的稀缺性、独立性和可流动性是实现创新要素流动的必要条件。

（二）创新集聚的形成

创新集聚最早是由熊彼特研究经济发展周期性波动现象时发现的。经济合作与发展组织在1999年出版的《集群——促进创新之动力》一书中对创新集聚的概念作了界定[3]，它是指增值生产链中相互联系的高度依赖的企业（包括专业供应商）之间的生产网络，它包括与大学、研究机构、知识密集型商业服务、搭桥机构（经纪人、顾问）和顾客之间的战略联盟。创新集聚可被视为简化的国家创新系统。Garrett[4]（2002）认为创新集聚是跨产业的，强调不同产业中生产商、供应商以及辅助服务之间毗邻的优势。Engel[5]（2009）把创新集聚界定为一种有利于高潜力创业型企业创造和发展的环境。

20世纪80年代末以来，在全球化形势下，一些国家的产业集群开始呈现出创新集聚的新趋势，加上人们对创新集聚促进产业升

---

[1] 杨省贵、顾新：《区域创新体系间创新要素流动研究》，《科技进步与对策》2011年第28期。

[2] 刘和东：《国内市场规模与创新要素集聚的虹吸效应研究》，载《科学学与科学技术管理》，2013年第7期。

[3] OECD.: Boosting Innovation: The Cluster Approach, Paris: OECD, 1999.

[4] Garrett J. S.. From citadels to clusters: the evolution of regional innovation policies in Australia. In Innovation, technology Policy and Regional Development, eds. T Turpin, L Xielin, S Garrett-Jones and P Burns. London: Edward Elgar, 2002.

[5] Engel, J. S., del-Palacio, I.: Global networks of Clusters of Innovation: Accelerating the Innovation process. Business Horizons, 2009 (52): 493—503.

级及区域经济增长重要性认识的不断深化，以创新集聚为主要特征的创新集群成为许多国家及地区经济科技发展的新思维和政策趋向。创新集聚作为一种新的有效的创新组织形式，极大地促进了社会财富的增加和经济发展，已成为产业、区域发展的重要经济模式。例如美国的桂谷、台湾地区的新竹科技园都是依靠集聚来产生竞争优势的典型代表。

学者们对创新集群的定义大致可以划分为两个视角：一是传统产业集群视角，即按产业集群的某些特征（如产业相关性和地理邻近性等）来描述创新集群。该视角不是强调创新集群的产业内在性，就是突出创新集群的地理邻近性（集聚），如 Voyer（1997）认为创新集群就是一个或多个产业部门的制造商、供应商和服务提供商为共享创新服务平台或（和）成果而集聚在某区域或城市。二是创新网络或者说技术经济网络视角，即根据创新网络或技术经济网络的某些特征来界定创新集群。该视角强调技术研发及商业化应用之间的相关性，如 Liyanage（1995）和 Cooke（2002）分别把创新集群定义为"研究机构和产业界之间为发展合作研究而形成的从事创新活动的技术关系或网络"和"寻求新发现并使之商业化的组织之间形成的社会关系网络"[1]。

一般来说，创新集群具有两个最基本的特征——创新资源的集中性和知识溢出效应[2]。这两个基本特征吸引并集聚特定产业或领域内各类相关主体。尽管不同国家与地区的创新集群在具体形式上各有特色，但研发活动与研发投入加大，各类主体间因共同目标、共同研发领域或地理上的靠近形成集聚并密切联系与互动（特别是知识、智力、资金等要素的流动）等，是构成创新集群必不可少的条件。

---

[1] 郑小勇：《创新集群的形成模式及其政策意义探讨》，载《外国经济与管理》2010年第2期。
[2] 李东华：《创新集群是有力的支撑》，载《浙江经济》2014年第9期。

创新集聚的影响因素可分为外在和内在两部分。外在因素包括范式的不连续性、技术辅助系统、累积的学习过程。内在因素包括范围经济、垂直技术外部性、创新诱导机制、独占性、创新交易成本、创新利润。这些因素彼此之间会产生协同效应（Debresson, 1989）[①]。Park[②]（2003）明确强调了知识溢出效应是创新集聚的重要推动力量。Audretcch[③]（1996）从实证的角度证明了与生产地理集中度相比，创新更倾向于在知识溢出起决定性作用的产业中集聚。Feldman（2005）[④]认为企业家是促进集聚的一个重要因素。Martina Fromhold - Eisebith[⑤]（2004）将创新集聚归纳为两种路径：市场自组织的"自下而上"（bottom - up）和政府导向的"自上而下"（top - down）。无论是哪种路径，在创新集群的形成过程中，政府都发挥着不可或缺的作用。创新集群的产生与发展很大程度上依赖于国家、地区和当地政府的政治进程。

二 国际高端创新要素流动与集聚态势

全球化加速了全球生产和创新要素的流动，促进了全球科学技术创新和经济合作，同时也加剧了全球科学技术创新资源和市场竞争，在为各国创新发展带来巨大机遇的同时，也带来了许多挑战。在此背景下，国际高端优质要素的流动与集聚主要呈现以下几种态势：

---

① Chris Debresson.: Breeding innovation clusters: A source of dynamic development, World Development, World Development, 1989, 17 (1): 1 - 16.

② Park S O. Economic spaces in the pacific rim: a paradigm shift and new dynamics, Papers In Regional Science, 2003, 82 (2): 223—247.

③ Audretsch, D. B., Feldmann M. P.: R&D Spillovers and the Geography of Innovation and Production. The American Economic Review, 1996, 86 (3): 630 - 640.

④ Feldman MP, Francis J, Bercovitz J.: Creating a cluster while building a firm: entrepreneurs and the formation of industrial clusters. Regional Studies, 2005, 39 (1): 129—141.

⑤ Fromhold - Eisebith, M. and G. Eisebith: How to institutionalize innovative clusters, Comparing explicit top - down and implicit bottom - up approaches, Research Policy, 2005, 34 (8), 1250—1268.

(一) 优质要素的跨国流动趋势日益明显

全球化推动了各国市场体系和创新体系的开放，大幅度提高了创新资源的配置效率。生产和创新要素的跨国流动为跨国经营和研究开发活动提供了良好的条件，更加广泛地促进国际经济技术领域的合作与交流，增强了各国之间科技经济联系和相互依赖性。但另一方面全球化也加剧了全球战略资源的国际竞争。发达国家利用其技术、资金和知识产权等优势，加大了人才等战略资源的开发利用和争夺，加速了后发国家科学技术人才的流失。例如发达国家依靠优越的生活和工作环境每年吸引大批技术移民和留学生。跨国公司加速建立全球研发体系，纷纷在后发国家建立研发中心，掠夺性的利用后发国家的人力资源，加大了后发国家创新发展的障碍。

(二) 世界各地创新集群大量兴起

"二战"以来尤其是20世纪70年代以来，世界各国的产业集群大量兴起，其中相当多的产业集群逐步发展成为创新集群，很多国家都形成了各具特色的创新集群。历史的经验证明借助创新集群的培育与成长，发达国家部分产业快速实现升级，这些国家在国际贸易格局中的既得利益从而得到进一步强化，为发达国家摆脱20世纪80年代以来西方世界的经济萧条发挥了巨大作用。例如在美国，创新集群主要分布在高技术领域，其中包括高网络技术创新集群、计算机技术创新集群、通讯服务创新集群和软件创新集群等。创新集群借助官产学合作、产学研合作、企业技术联盟等多种形式从事市场研发活动。20世纪80年代以来，美国企业技术联盟数量以每年10%以上的比例增长。期间，美国高技术贸易在制造业进出口中所占的比例超过20%，翻了近一番。尽管因企业生产能力过剩导致投资下降、经济周期性衰退和公司会计丑闻等，使美国经济曾陷入困境，但美国劳动生产率以年率计算仍增长了5.1%。究其原因就在于经过过去十年信息技术创新集群的高速发展，大量信息技术投资拉动使美国劳动生产率持续增长，成为周期性经济衰退的缓冲器。

(三) 高端城市形态——"全球城市"的崛起

"全球城市"是在城市化及城市发展的基础上逐步演化出来的一种国际大都市的高端形态,对全球的经济、政治、文化等方面有重要的影响力,具有国际金融中心、决策控制中心、国际活动聚集地、信息发布中心和高端人才聚集中心的功能。全球城市的基本特征可以概括为三个方面[①]:一是具有雄厚的经济实力。主要表现为经济总量大,人均 GDP 程度高,以现代产业体系为核心的后工业化经济结构明显,国际总部聚集度强;二是具有巨大的国际高端要素流量与交易。某种意义上说,世界城市就是一个面向知识社会创新 2.0 形态的流动空间、流动过程。这种国际高端资源的流量与交易主要表现为高端人才的集聚,信息化水平,科技创新能力,金融国际竞争力和现代化、立体化的综合交通体系;三是具有全球影响力。影响力是软实力的外在表现,是引领时代潮流的主导力量。世界城市的影响力既有文化和舆论的力量,也有组织和制度的力量。主要表现为城市综合创新体系,国际交往能力,文化软实力和全球化的治理结构。2009 年,国际"全球化和世界城市研究小组"将全球 242 个世界城市分成 5 级 12 段。处于顶级的全球城市被公认的有纽约、伦敦和东京三个城市。

三 世界级创新集聚区的典型案例与基本特征

(一) 芬兰信息与通讯技术产业创新集群的崛起

20 世纪 70 年代,石油危机导致了经济增长的减速、失业和通胀水平的升高,芬兰政府和各界人士经过在全国范围的大讨论后一致认为,只靠仅有的森林资源和传统产业,经济发展将难以为继,唯一的出路在于发展知识经济。而当时的"微电子革命"给芬兰带来了新的生产和其他机遇。80 年代,芬兰技术计划的重点便是信息与通讯技术 (ICT)。自 20 世纪 90 年代中后期以来,芬兰成

---

① 北京组工:《世界城市的概念和本质》,载《北京日报》,2010 年 3 月。

为全球 ICT 产业的领导者。诺基亚（Nokia）公司作为世界最大的移动电话生产商，其品牌手机拥有近 1/3 的世界手机市场份额。而该国 ICT 产业主要集中在 Espoo、Innopoli 等科技园区内，以创新集群的形态存在。芬兰 ICT 创新集群的崛起主要受益于有效的市场竞争，而举国形成的核心竞争力源于技术创新的共识，并在此基础上产生了集体行动。

芬兰较之其他许多国家市场更为公平、开放，这在电信产业中表现尤为明显。首先，大多数国家电话网络系统由国家专营，而芬兰由于历史原因并未形成这种格局，其通讯网络市场结构相对松散。1981 年，跨国移动电话网启动，芬兰与其他北欧国家共同形成当时世界最大的移动电信市场。自然垄断在市场的迅速扩张中露出端倪，芬兰于是在 1987 年修订了《电信服务法》，将国家公用电信局的经营职能剥离，并私有化改制为平等参与市场竞争的公司。通讯市场被逐步开放，此后芬兰曾出现近 800 家电信公司，它们必须改善服务、实现价格效益才可能生存，而实现这一目标只能依靠技术创新。经过惨烈市场的优胜劣汰，约 140 家电信公司生存下来，它们多为技术领先者。在市场竞争的推动下，从芬兰 ICT 创新集群中涌现出一批具有世界影响的企业（见表 3-1）。

表 3-1   芬兰 ICT 创新集群中部分世界知名企业

行业	企业名称
电信	Sonera, Elisa, Finnet
电信电缆	Pkc, NK, Nextrom
信息技术	Tietoenator, Novo, ICL INVIA, HP Finland（美）
移动电话	Perlos, Eimo, Benefon
电话和网络系统	Nokia, Siemens（德）, Ericsson（瑞典）

其次，许多国家电信市场电信运营商同时也供应通讯设备。芬兰没有形成由综合经营的公司主导市场的局面，电信运营与设备供应在经营上没有捆绑在一起，这为公平竞争的开展提供了必要条

件。作为设备供应商的买方，电信运营商之间存在激烈的市场竞争，这促使设备供应商之间随之也展开激烈竞争，借助技术创新提升产品价值成为从竞争中胜出的关键。正是在有效的市场竞争推动与适度的政策调节影响下，技术创新受到芬兰举国上下的高度重视，该国 2004 年研发投入就已占到 GDP 的 3.4%。根据世界经济论坛（WEF）的评估，2006 年芬兰的信息技术竞争力已位居全球排名第五。

最后，芬兰是个小国，国内市场容量较小，易于形成市场垄断，从而抑制竞争。政府及立法机关因此对市场垄断予以极高的警惕，他们一方面引导企业利用外部提升自身的柔性专业化水平。如芬兰 1999 年 GDP 的 1.5% 由诺基亚创造，其一级供应商多达 300 余家，并在此基础上形成了所谓的"诺基亚网络"。另一方面，减少市场壁垒，高度开放市场，引入外资企业强化市场竞争。德国西门子（Siemens）、瑞典爱立信（Ericsson）、美国（Hewlet – Packard Finland）等外资企业植入芬兰 ICT 创新集群，有效地产生了"鲶鱼效应"，使芬兰 ICT 创新集群竞争力增强。ICT 创新集群在芬兰的崛起受惠于这里比其他地区更为开放、自由、有效的市场竞争机制。这一经验已被许多政策实践者与企业经营者，如芬兰交通与通信部长 S. Linden、工业及雇主联合会首席经济师 J. Mustonen、该国工商总会主任 Tuuli、Espoo 科技园区地产及服务商 Technopolis 以及以 Nokia 为首的许多企业高级管理人员所认同[①]。

对于这一案例，我们体会最深的一点是国外高技术产业创新集群的成功是建筑在成熟的市场机制之上的。技术创新的市场价值只有在公平竞争中才能得到合理的承认并产生市场激励，也才可能在产业集群中孕育出崇尚创新的文化氛围；细化分工只有在自由竞争中才能充分实现进而产生合作，创新网络才能形成。因此，完善市场竞争机制可以为高技术产业创新集群演化输送原动力，激发其自

---

① 资料来源：赵长春：《创新芬兰》，载《国际商报》，2006 年 7 月 25 日。

我组织与自我强化的功能，对演化所产生的影响更为深远。

（二）澳洲创意产业的昆士兰模式

布里斯班市是澳大利亚昆士兰州首府，著名的"黄金海岸"和"阳光海岸"就坐落在附近。近年来，布里斯班市因其昆士兰科技大学"创意产业园区"受到全世界的瞩目。这是一个计划斥资4亿、整体开发规模达16公顷的完整的社区。社区自2001年动工兴建，投入6000万澳币（其中1500万澳币由昆士兰省政府资助），并于2004年5月中正式启用了一期建筑。这是澳洲第一个由政府与教育界共同为发展创意产业而合作的项目。这个园区里包括隶属在"昆士兰科技大学创意产业学院"下的6个系，全套先进的影视后期制作设备，一个圆形剧场，若干个摄影棚，计算机中心，以及在建的健身中心，购物中心，以及创意住宅区，等等。在名为"The Works"的大楼内，由联邦政府授权成立的"联邦卓越中心——创意产业与创新中心"的20多名研究人员，20多家企业，以及大批的学生齐聚一堂。

昆士兰科技大学创意产业园区将创意设计、休闲娱乐、教育培训、产业孵化、创意居住融为一体，在政府、大学和研究机构、工业部门以及创意阶层之间建立起一种积极的链接机制。在这个链接环境中，将产生积极的互动：研究人员的多学科背景将在这里产生创新型研究，甚至是新型的交叉性前沿学科；企业将在这里找到宝贵的创意内容和高质量创意人才；学生将在这里学习和体验新思想的产生和商业化的非凡过程；甚至一些长期从事实际工作的专家也进入园区，同时参与教学和研发工作。

该案例给予我们的启示是，创意园区是培养创意集群的重要方式。昆士兰科技大学创意产业园区是澳大利亚政府在应对知识经济的挑战，克服"数字内容及其应用产业"迅猛发展中所面临的问题的解决方案。国际上很多从事创意产业研究的人都提出，发展创意产业需要创新国家文化政策，在这里，这种设想成为现实。创意集群的培养与形成应该与城市的风格、文化环境、生活形态紧密融合。合理的创意园区应当是建立教育、研发机构与经济部门、私营机构的广泛深入的链接，并且集生产功能与生活居住功能于一体。园区应该既是学校和研究机构的所在地，又是创意企业的聚集区；既是文化产品的生产地，又是文化产品的消费区。

（三）世界级创新集聚区的基本特征

从产业生态的角度而言，世界级创新集聚区所具备的基本特征主要包括互惠共生、竞争协同、根植本地、知识互补和开放创新等。

一是互惠共生。创新是一个交互过程，企业不可能孤立地进行创新。为了减小风险、缩短进入市场的时间，集群中的每个企业都只能从事创新增值链条上的某一环节的特定工作，实现专业化分工。不同企业或机构由于创新空间的扩大、创新风险的降低与分散、创新周期的缩短等原因，形成集群内的创新共生体，获得集群外的竞争者所无法得到的创新优势，从而增强自身的核心竞争力。

二是竞争协同。既专业化分工又相互协作，即竞争协同是集群创新的主要范式。不同企业在空间集聚过程中，同业竞争的加剧迫使企业始终保持足够的动力以及高度的警觉性和灵敏性，不断创新和降低成本，并通过依靠协作伙伴关系在竞争中发展壮大。通过竞争协同，促进信息、技术、人才流动，从而推动集群合作创新的深化，最终形成创新集群。

三是根植本地。集群企业内部成员不是孤立的个体，而是深深根植于当地的社会文化、历史传统、制度和地理环境之中。集群合作创新具有很强的产业关联性（产业根植性）、地理位置的接近性（地理根植性）、共同的创新文化（文化根植性），根植性从根本上强化了集群的竞争优势，显示了生产活动的独特性及随之产生的产品和服务的特色性。集群内企业具有相同或相近的社会文化背景和制度环境，以此为基础，人们之间在经常的联系、互动过程中所采取的各种经济行为深深根植于大家所熟悉的圈内语言、背景知识和交易规则，从而促进知识的流通与扩散。

四是知识互补。随着知识更新速度的不断加快,创新对企业外部的依赖性越来越强,特别是大量缺乏研发功能的中小企业,外部知识资源是其创新的主要源泉,成功的创新取决于企业与各种机构之间的合作。集群企业通过与其他企业、知识生产机构和财团等建立技术联盟、合资公司等形式,获得新的补充知识并加快学习进程,有利于促进创新,提高竞争力,并最终促使整个集群向创新型演进。

五是开放创新。产业集群是一个开放系统,必须通过与外界环境不断沟通和交换以维持其生存及发展,产业集群的创新是一个集群内外开放、主体间互动、整体创新不断发展的过程。开放式的创新组织形式是创新集群演进的基本组织保障。它使得产业集群能够保持创新网络与外界资源的互动,尤其是对国内外相关产业技术发展和市场信息的及时了解,保证创新活动适应外部环境的最新变化,提高与国内国际市场的对接能力。

第二节　浙江集聚创新要素的现状分析

本节首先对近几年浙江在集聚创新要素方面的主要政策举措进行了整理,接着总结了浙江集聚创新要素的已有成效与问题,最后讨论了浙江在集聚创新要素过程中所面临的制约因素。

一　浙江集聚创新要素政策环境的优化

创新环境主要由资源环境、政策环境、市场环境、服务环境和文化环境五大类组成,它是决定一个地区区域创新能力和科技进步水平的核心和关键。良好的创新环境不仅孕育创新思想,而且推动企业积极开展自主创新。

在浙江经济发展与产业升级中,完善的政策环境可以促进人才要素的集聚与优化配置,为高端经济活动提供知识与技术创新的人力资源支持,促进高新技术产业、知识型服务业的发展以及传统产业升级，有助于实现产业结构优化升级、人均 GDP 持续增长、竞争优势显著增强的经济发展目标。浙江省委、省政府历来高度重视人才工作，特别是自从 2003 年全省人才工作会议召开以来，浙江大力实施人才强省战略，全方位完善人才政策体系，实施重大人才工程，培育引进创业创新载体，政策环境不断优化。

（一）完善人才政策法规体系

为适应经济社会发展需要，浙江省委、省政府先后编制出台了《浙江省"十一五"人才发展规划》（2006）、《浙江省中长期人才发展规划纲要》（2009），并制定出台了一系列加强人才工作的政策法规，全省人才工作的制度化和规范化步伐明显加快，逐渐形成具有浙江特色的政策创新体系。各市、县也紧密结合当地实际，不断创新人才政策。

在高端创新型人才政策方面，我省出台了《实行浙江省特级专家制度暂行规定》（2005）、《浙江省有突出贡献中青年专家选拔管理办法》（2005）、《关于加快推进创新团队建设的意见》（2008）、《关于在推进经济转型升级中充分发挥人才保障和支撑作用的意见》（2009）等一系列政策文件。根据高层次人才工作、科研、生活的特点，浙江创造性地先后制定出台《浙江省外来人才聘用证实施办法》《关于促进人才柔性流动的实施办法》等文件，形成人才柔性流动制度和保障措施。

在引进海外人才政策方面，我省先后制定出台了《关于引进海外高层次留学人才的意见》（2001）、《关于为外国籍高层次人才和投资者办理〈外国专家证〉和〈外国人居留许可〉的规定》（2004）、《浙江省引进国外技术、管理人才项目管理暂行办法》、《浙江省引进国外智力示范单位和成果示范推广基地管理暂行办法》等一系列加强引进海外高层次人才和智力的政策措施，为引进国外人才智力创造了较好的政策环境。近年来，每年举办博士后人才与科技项目浙江洽谈会。2009 年，进一步提出《关于大力实施海外优秀创业创新人才引进计划的意见》。引智工作体制机制不断完善，引智环境得到优化。

在专业技术人才政策方面，出台了《浙江省专业技术人员继续教育规定》(2003)、《浙江省人事争议仲裁办法》(2003) 等政策文件，为专业技术人才培养提供政策法规保障。特别是实施《浙江省专业技术资格评价和职务聘任暂行规定》，为非公经济组织等各类人才降低职称评定的门槛。

(二) 实施培育引进创业创新载体工程

浙江省通过一系列政策创新，积极加强创新载体的引进和产学研合作平台等的发展，使以企业为主体、市场化导向、产学研紧密结合的区域创新体系初具规模。加强各类开发区、科技园区、留学人员创业园区、高新技术企业研发中心、博士后科研流动站和工作站、重点实验室和实验基地等载体建设，为高层次人才创新创业提供了良好的平台。

特别是加强创新载体建设，构建区域创新体系。通过一系列政策创新，积极加强创新载体的引进和产学研合作平台等的发展，使以企业为主体、市场化导向、产学研紧密结合的区域创新体系初具规模。第一，区域创新体系的基础建设——"六个一批"创新载体。2002年以来，浙江把实施"六个一批"创新载体——一批重点企业研发机构、一批重点实验室和试验基地、一批重点科研院所、一批重点科技企业孵化器、一批重点区域科技创新服务中心、一批重点科技中介机构，作为建设区域创新体系的基础建设工程。第二，区域创新体系的整合提升——重大科技创新平台。在"六个一批"创新载体的基础上，加强公共基础条件平台、行业专业创新平台、区域创新服务平台等三类重大科技创新平台的建设。第三，外部高端创新资源引进——大院名校共建创新载体，先后引进共建清华"长三角"研究院、中科院宁波材料所等高水平创新载体。

(三) 加强人才市场建设

浙江省出台了《浙江省人才市场管理条例》(2000)、《浙江省劳动力市场管理条例》（2001），加快人才市场的制度建设，不断创新和丰富人才服务的形式和内容，市场机制在人才资源配置中发挥了基础性作用。建立统一开放的人才市场体系，促进人才市场与劳动力市场的逐步贯通，加快浙江人才网建设，打造一流的网上人才交流平台，培育扶持社会人才中介服务机构，满足市场主体的服务需求。特别是，加强创新资源的网络市场——浙江网上技术市场的建设。2002年，浙江省创建了中国浙江网上技术市场，并结合"网上技术市场活动周"等网下活动，有效对接和利用了国内外智力资源。

为了吸引优秀人才，畅通人才引进渠道，在全国率先实行高校毕业生"先落户、后就业"的"无门槛"政策，各地还简化办事程序，开辟人才引进的"绿色通道"，对引进的紧缺特殊人才，采取一人一议、一人一策、特事特办的灵活措施。事业单位引进紧缺急需的硕士、博士或具有高级职称的人才，不受事业编制、增人指标、工资总额、职称结构比例等方面限制。

二　浙江集聚创新要素的已有成效与问题

（一）已有成效

近年来通过"引进大院名校、共建创新载体"战略的实施，浙江引进集聚了一大批优质的科技资源，并形成了良好的带动效应，后发优势凸显。"十一五"期间累计引进共建了浙江清华"长三角"研究院、中科院宁波材料所、浙江加州国际纳米技术研究院等854家创新载体，总投资超过230亿元，引进科技人员1.6万多人，引进国家"千人计划"93人，省"千人计划"229人。引进成果1300多项，引进专利1500多项。国际科技合作也在稳步推进中。全省已与50多个国家和地区开展了科技交流与合作，组织实施国际科技合作项目272项，已建有24家留学生创业园、1个国家级国际联合研究中心、10个国家级国际科技合作基地、33个海外企业研发机构。

1. 高水平人才加速集聚

从总体上看，全省人才队伍总量较快增加，整体素质逐步提高，特别是高水平人才加速集聚。近年来，以国际知名学者和国内院士为代表的高层次人才汇聚浙江，先后有100多名院士以柔性流动的方式来我省工作，我省拥有一批在各自研究领域中处于国内、甚至国际领先水平并有较大影响力的专家学者。

同时，创新团队培育和人才引进工作加快推进。2006年以来，钱江人才计划、新苗人才计划、省自然科学基金杰出青年团队、科研院所青年人才计划、高技能人才培养等计划在项目和人才资助方面效果显著。2009年启动建设首批100个省级重点创新团队，并设立专项资金给予每人100万元奖励。这些团队与人才基本体现了"三个结合"的特点：一是与我省经济社会与科技发展规划的紧密结合；二是体现了产学研的紧密结合；三是体现了省内同行、同领域的强强联合。

2. 引进国外智力工作取得重要突破

我省出台了引进海外高层次留学人才、实施"钱江人才计划"等政策，鼓励、支持海内外高层次人才来浙创业创新，在余杭设立了"海外高层次人才创新园"（未来科技城），是中组部、国资委确定的全国四个未来科技城之一；在浙江大学设立了省海外高层次人才工作驿站。全省共引进"千人计划"人才480名，其中入选国家"千人计划"192人，居全国第4位。我省与欧盟、美国等50多个国家和地区建立了全方位、多层次、宽领域的国际科技交流合作体系，形成了国际创新资源交流的桥梁和纽带，初步建立了"项目—人才—基地"的国际科技合作交流格局。

专栏3—1　聚光科技有限公司：王健

美国斯坦福大学机械工程博士、博士后王健于2001年年底回国创办聚光科技（杭州）有限公司，于2003年11月成功研发激光在线气体分析仪并正式开始投入生产，成为国内第一家也是唯一一家生产激光在线气体分析仪器的企业，连续两届入选福布斯"中国最具潜力企业百强"，并于2011年4月在创业板上市。王健博士于2006年、2009年两次获国家科学技术奖二等奖，入选国家"千人计划""新世纪百千万人才工程"国家级人选、浙江省特级专家、浙江省突出贡献中青年专家、浙江省优秀留学回国人员。

专栏3—2 浙江贝达药业有限公司：丁列明

美国阿肯色大学医学博士丁列明于2002年8月回国创业，2003年1月在杭州创立浙江贝达药业有限公司。2011年，公司成功研发国家1.1类新药盐酸埃克替尼（凯美纳），这一抗癌新药的问世不仅被喻为医学界造出的"两弹一星"，也意味着我国小分子靶向抗癌药完全依赖进口的日子将成为历史。该药于2011年7月份获国家食品药品监督管理局颁发的新药证书和生产批文，并正式上市销售，上市8个月销售收入即突破1亿元人民币。

专栏3—3 浙江正泰太阳能科技有限公司：杨立友

新泽西州立罗格斯大学固态物理学博士杨立友，2006年回国与正泰集团联合创建浙江正泰太阳能科技有限公司。以杨博士为主发明的纳米硅隧道结技术是世界第一条10MW多结非晶硅电池生产线的核心技术之一，使大面积薄膜电池组件的稳定效率首次达到9%。2009年投资20亿元扩大产能，从2006年创业至2010年初，公司产能实现了130兆瓦向380兆瓦的突破。

3. 区域创新体系初具规模

"六个一批"创新载体不断做大做强。全省省级高新技术企业研发中心达1146家，是2005年的2.94倍，国家级企业技术中心

47家,比2005年增加31家;省级以上重点实验室(试验基地)202家;省属科研院所技工贸收入48.61亿元、利税总额4.6亿元,分别比2005年增长73.6%和62.0%;科技企业孵化器超过100家,总孵化面积312万方;省级区域科技创新服务中心124家,科技中介机构5000余家,各类技术市场130多家。

重大科技创新平台全面推进。以股份制、理事会、会员制等形式,跨单位整合资源,强化公共服务。目前三类平台总数57家,资助经费11.25亿元,参与企业1.3万家。引进大院名校共建创新载体建设稳步发展,发展模式从单个引进向建立创新园区、产业化开发转变。先后建立起我国第一家以企业为主体的中俄合作园区——巨化中俄科技园,成立了俄科学院西伯利亚分院、俄科学院远东分院、乌克兰科学院的技术转移中心;设立了浙江加州国际纳米技术研究院、香港大学浙江科学技术研究院、浙江大学国际创新研究院、浙江香港科技大学先进制造技术研究所、浙江中欧技术与人才转移中心、中韩国际技术转移中心等创新载体。

专栏3—4 浙江加州国际纳米技术研究院

浙江加州国际纳米技术研究院成立于2005年6月,由浙江省人民政府、浙江大学和美国加州纳米技术研究院三方共同组建,省政府投资一个亿,参照美国加州纳米技术研究院等国际一流研究机构的管理模式和机制,独立运行。纳米院吸引和汇聚了"国家千人计划"专家(3名)、"973"首席、"863"专家、海外引进教授等高层次人才,建立了由首席科学家、海外科技投资专家、博士后、专职科研人员、科技服务专员、专业外语秘书等组成的科技研发及服务梯队。

采用核心开放平台、卫星实验室和企业联合研究中心三者有机结合的研发模式,集中围绕纳米生物医学、纳米材料、微纳电子三大领域,有序推进前瞻性技术储备研究和产业转型应用技术开发。"十一五"期间,纳米院承担欧盟第七框架项目、科技部国际合作、国家重大科研计划、支撑计划、863、自然科学基金和省部级项目近百项，相关成果荣获多项国家及省部级科技进步奖。纳米院与33家企业建立了科技合作，与5家企业建立了国际联合研发中心。

专栏3—5　香港大学浙江科学技术研究院

香港大学浙江科学技术研究院由香港大学、浙江省科学技术厅、杭州市人民政府和临安市人民政府四方共同建设。研究院将成为港大科研的一个有机组成部分，亦是港大研发工作在内地的延伸，同时肩负着将香港大学科技成果向内地转移转化的使命。在香港大学浙江科学技术研究院建设期间，将设立一个研究院总部，香港大学工程学院将率先建立工业物联网、纳米流体与热能工程、气动力学与声学等三个研究所。预计到2016年，香港大学浙江科学技术研究院将建成六个具有国际领先水准的研发中心，与企业组建联合实验室或进行项目合作。

（二）主要问题

虽然我省引进大院名校战略已取得重大进展，科技创新载体建设不断加快，但是从已引进的创新载体的构成、创新载体的规模、创新载体的运作效率来看，存在着"三多三少"现象。

1. 国内多、国外少

国际创新资源的获取与我省经济社会发展的需求相比还有很大的差距，围绕产业发展需求的作用发挥还不够明显。主要原因在于我省缺乏引进国外大院名校共建创新载体的有效渠道，高校、科研院所和企业的综合实力不强，与世界一流知名高校开展对等科技合作与交流的条件不足。已有与国外研究机构共建的创新载体，例如浙江加州国际纳米技术研究院、乌克兰国家科学院国际技术转移中心（嘉兴）中心，大都是从高校层面、政府层面引进的，企业在国际科技合作中的作用有待加强。

2. 小的多、大的少

除了少数以政府为主引进的重要创新载体形成了规模集聚效应外，其他以企业为主体引进共建的大部分创新载体规模偏小，还不能够真正对当地主导产业和区域经济发展起到重要作用。多数创新载体形同虚设，无法团队式引进高层次人才，已引进的零星高层次人才也只能不定期地来创新载体工作一段时间，不利于创新载体人才队伍的稳定和创新能力的系统性、持续性建设。

3. 低效的多、高效的少

大部分非独立法人资格的创新载体在管理机制方面还欠完善，高效运作的偏少，过分依赖政府出台的优惠政策。很多共建创新载体仍沿袭传统的项目合作形式，缺乏捆绑式利益体现的运作机制。仅有少量具有独立法人资格的创新载体已经建立了面向市场、面向竞争的现代企业运行机制。

三 浙江集聚创新要素面临的制约因素

浙江在集聚创新要素的过程中主要面临的制约因素可分为创新创业、体制机制两大方面，具体如下。

（一）创新创业方面的制约因素

1. 创新创业的启动资金融资难

当前支持海归创业的资金渠道主要有三：一是政府类投资，如各地开发区、高新区认定的项目；二是民间类投资，海归企业自己在民间寻找合作方；三是风险类投资，虽然风险投资近年来已有较大的发展，但其对项目的审核和要求都比较高。而海归回国时往往只带着技术和项目，一般无固定资产作抵押，要想创业，很难获得银行贷款。而政府专项基金和风险投资基金数额有限、门槛较高，大部分海归企业无缘沾边。

同时，资金的分配覆盖面和集中度也不尽合理。有研究显示，海归创业面临现有创业扶持资金太过分散的问题，较常见的模式就是按照留学人员项目的数量进行相同金额的补贴，而没有形成通过科学评价项目而差异性补贴的机制。有的地方因为缺乏必要的评估，资金甚至被分配给不适合的创业计划。最后的结果是，资金的利用率下降，需要高投入的高收益项目因为没有获得足够的相应支持而夭折。

2. 创新创业的税收成本过高

尽管新的个人所得税税率和起征点做了适当的调整，内地的个人所得税税率是3%—45%，对外籍人员的个人所得税也是如此，只不过起征点相对较高。中国的个人所得税税率大大高于周边国家和地区和主要发达国家。例如中国香港地区是2%—15%；新加坡是2%—28%；马来西亚是1%—29%；加拿大是17%—29%；日本是10%—37%；美国是15%—39%。中国这种税收差异成为海外人才回国创业的一个重要制约因素，特别是留学人员在国内工作的收入大幅缩水，极大地削弱了他们到国内工作的意愿。即使是有个人所得税返还的政策，但是有海归反映部分税收不能及时返还。同时企业税的税率和征收时间也是海外人才回国创业的一个顾虑，尽管有一定时间的免税期，但是与国外一些国家等公司有盈利再缴税的方式相比，对于前期投资大、周期长的企业而言，企业税的压力更大。

3. 创新创业的配套环境不够完善

现在很多地方都设立了不同类型的海外人才创业园区，事实上也吸引了一大批高层次高科技人才回国创业，促进了高科技产业的发展。然而，在其发展过程中，出现了一些不容忽视的问题：第一，功能单调。只考虑硬件设施建设，忽视了软环境的优化，还不能针对高科技企业创业的特点提供关键性的资源支持。第二，缺乏高素质的孵化队伍。创业园大多为事业单位，受到事业单位编制和薪酬的限制，难以招聘高素质的员工，进而很难为企业提供管理咨询、技术指导和投融资等深层次服务。第三，有的地方政府在产业规划和导向上缺少统筹安排，对评选出的各类创新型人才和团队的鼓励措施力度不足或不完善。

（二）体制机制方面的制约

1. 相关政策涉及多部门，缺乏统筹安排

当前，涉及留学人员工作的机构和部门很多。在国家政府体系内就有教育部、人力资源和社会保障部、科技部、国务院侨办等。由于涉及部门很多，一定程度存在职能划分不清、各顾一块、缺乏协调的问题，造成了行政力的浪费和行政效率的降低。许多留学回国人员反映，与国外相比，国内政策执行涉及多部门，办事环节多、手续复杂。如"千人计划"层次标准的界定，往往需要涉及科技、教育、人事等部门；有关出入境管理，包括居留许可申请，涉及公安、外办、民政、卫生、劳动保障等部门；申请科研经费或贷款，需涉及工商、科技、发改委等部门；留学回国人员及华侨子女中、高考加分，要涉及侨办、外办及教育部门；等等。由于政出多门，客观上也造成了政策不协调、办事手续复杂等问题，使目前出台的许多优惠政策，总体上难以落实到位。

实际操作中确实也遇到了具体问题，有调研指出，留学人员认为国内创业在应付多个部门经常性的不规范管理及其名目繁多的收费就会花去一个管理者大部分的时间，有的指出政策执行时上下不一致，中央很重视，综合部门（人事部、教育部、科技部）很热心；但有些部门显得比较冷淡，甚至还有卡的现象。

2. 海外人才中介组织尚不成熟

目前，留学人员回国创业已蔚然成风，成为潮流，但我国还非常缺乏专门为海外人才在国内发展服务的中介机构，也没有一个比较成熟和权威的海归人才库。事实上，许多海外留学人员普遍关心国内有没有一个可以登录的比较权威的留学人员人才库的问题。因此，建立一批这样的中介服务机构，既有政府的，也有民间的和社会的，包括欧美同学会，也包括沿海和内地的留学人员创业园区来拓展这项服务，还可以鼓励人才中心和猎头公司来扩大这方面的业务。这样可以带动各级政府和部门，包括社会和企业多参与到这项工作中来，以形成更多人都来关心和支持留学人员回国创业就业与发展的局面。

3. 各种政策存在不协调、不平衡和不一致现象

对先后回国的留学人员政策不一，甚至早回国不如晚回国优待；地区间税收政策不一，有的地区以多减税收作为争取留学回国人员的手段，这在市场经济发展中虽也是一种竞争的办法，但由此也可能带来全局发展的某些新问题；"海归派"和"本土派"的矛盾也日益凸显。此外，留学人员作为一个特殊群体，某些特殊问题有待明确探讨，如一些地方把留学人员创办的企业按外资企业对待，为方便已获得外国居留权的留学人员的工作与生活，希望与国内人员一视同仁，等等。

4. 子女教育、医疗保险等公共服务体系尚待完善

海外人才的正当权益有时候还是得不到充分维护，这致使海归人员生活尚存后顾之忧。比如海归人员的子女受教育问题成为困扰他们的一个实际困难。研究显示，许多地区还没有留学生子女定点学校，其他中小学校因户籍原因，一般也不能就近入学，入学往往还要缴纳高额择校赞助费。双语学校、国际学校不仅数量少，而且收费高。相当一部分华侨华人的子女回国后不适应新的学习环境和教育方法。虽然各地对华侨子女回国接受教育出台政策，在语言适应期，中考、高考可适当加分，但这必须到所在国的大使馆开具证明，非常不便。此外，有的地区医疗保险、养老保险还存在一些问题，劳动保障程度比当地居民低。外籍华人因回到国内一般不能享受到国籍所在国的社会保障待遇，而当前政策上认定他们是外国人也不予办理相关手续，致使他们两头不沾边。

第三节 浙江集聚高端创新要素的对策建议

一 结合重点产业的不同技术特点和需求，引进高端创新要素

创新载体的引进培育必须为重点产业创新服务。纺织、轻工、

建材、有色金属等传统优势产业，汽车、石化、船舶、钢铁、装备、医药等资金技术密集型和规模经济产业，生物、新材料等战略性新兴产业都是我省大力发展的重点产业。具体而言，传统产业重在运用现代技术提升改造，新兴产业重在关键技术的突破和全产业链的构建；小企业主导的产业重在共性技术服务，大企业主导的产业重在技术领先优势的确立和保持。要根据这些产业的不同技术特点和需求，分门别类、有针对性、定向地引进培育创新载体，提升创新载体的有效性。

二 依托各类主体，引进培育创新载体

首先，依托企业培育创新载体。要通过提高企业和企业家的意识，强化激励机制，促进企业通过与国内外高等院校、科研院所、大中型企业合作等多种方式，单向引进或双向共建独立或非独立的具有自主研究开发能力的技术创新组织。其次，依托高校科研院所培育创新载体。要充分发挥高校科研院所在人才、科研项目、国内外学术交流渠道等方面的优势，通过各种形式搭建信息交流平台，鼓励企业与高校科研院所合作建立创新载体。最后，依托各类园区培育创新载体。要充分发挥高新开发区、经济开发区等各类园区具有的体制优势、企业优势、政策优势和技术优势等，提升对各类创新载体的吸引力。

三 构建以企业为主体的多元化引进培育模式

充分发挥政府、高校科研院所和企业的能动作用，通过整建制引进、合作设立研发机构、委托研发等多种形式引进培育创新载体，整合国内外创新资源。在新的开放经济条件下，要特别重视和支持有条件的企业进行技术寻求型的对外投资，通过独资、并购、合资、参股等方式设立海外研发机构，吸收技术溢出、适应目标市场、不断推进技术研发的国际化；在欧美等科技发达国家设立海外孵化基地，就地利用海外人才，带土移植引进技术与产业化项目，

形成境内境外联动，寻求新的发展机会，谋求高层次的技术合作和引进；鼓励企业积极实施"蓝眼睛"计划，大力引进掌握核心关键技术的海外高端专业技术人才、海外高级工程师和科技创新团队；增强对企业开展国际科技合作研发和产业化的资助力度，重点支持由企业牵头引进消化吸收再创新项目和合作研究项目。

四 完善体制机制，促进创新载体的有效运转

从数量上看，我省近年来引进培育的各类创新载体已不算少，但也有相当一部分存在徒有形式、缺乏实效的现象。要深入研究创新载体存在的问题及其原因，采取切实有效的措施提升创新载体的效率。首先，要提供更有力的政策支持，解决创新载体运行过程中存在的诸如人员编制、职称评审、发展空间、子女升学等突出问题，使创新载体引进来，留得住。其次，要为创新载体独立研发能力或独立市场生存能力的提升提供更全面的服务，包括产业链的构建、商业模式的指导、各类要素的支撑等。最后，要构建完善的风险共担、利益共享机制，增强创新载体发展的动力。

第四章　创新平台:有效整合与功能升级

在浙江全面实施创新驱动战略的背景下,加强科技创新平台体系建设,构建开放性创新高地,有助于吸引承接国内外创新要素,完善科技创新创业服务体系,促进战略性新兴产业集群的培育,从而形成浙江创新驱动发展的经济增长极。国际经验也证明,一流的科技创新平台可以促进高科技产业的发展,为高新技术企业提供优良的发展环境,并通过与大学、研究机构的交流,形成基础研究、应用研究、原创设计、商业模式创新以及风险投资的有机结合与链接,最终形成科技创新、新兴产业集群与创新型经济发展的良性互动机制。因此,浙江有必要吸取国内外成功经验,加强科技创新平台体系建设,加快体制机制改革,更有效地发挥科技创新平台的创新型经济发动机作用,推动浙江创新驱动发展战略的有效实施。

第一节　创新平台建设的意义与国际经验

科技创新平台建设在促进浙江创新要素高效集聚、新兴产业培育、创新型经济发展等方面可以发挥重要作用,有利于浙江系统性提升区域创新体系发展水平,形成创新驱动发展制度环境的新的比较优势,因此是浙江有效实施创新驱动发展战略的重要环节与政策工具。浙江有必要加强国际创新平台建设的成功经验,进一步加快科技创新平台建设。

一 科技创新平台建设在浙江实施创新驱动发展战略中的重要意义

实施创新驱动发展战略是浙江加快经济转型升级的重大战略部署,在创新驱动发展战略过程中,加快科技创新平台建设是非常重要的战略措施,具体来看,在实施创新驱动发展战略过程中,加快科技创新平台建设具有以下重要意义。

(一)科技创新平台是集聚创新要素、强化全球创新链合作的优质载体

长期以来,制约浙江自主创新能力发展与产业结构升级的一个瓶颈问题是创新资源不足,没有形成高水平国内外创新合作体系,对国内外创新要素集聚不足。具体体现在浙江两院院士数量只有江苏的1/3、上海的1/5、北京的1/20;国家重点大学和中科院等国家研究机构的分支机构较少;国家重点项目和重点企业布局很少;与世界500强企业技术合作不多。这些都成为长期制约浙江经济转型升级,提升国际创新合作能力,实现创新驱动发展的重要瓶颈。

首先,科技创新平台是实施创新驱动战略的优质空间载体。随着浙江创新驱动发展战略的全面实施,科技城、高新区等高水平科技平台的建设成为集聚国内外创新要素的基本空间载体。科技城、高新区等作为以密集的智力与技术进行知识与高技术产品生产为特征,集科研、教育、生产于一体的新的区域性科研生产组织形式,正逐步成为各地区率先构建创新驱动经济格局,引领城市创新发展的重要载体。

表4—1　　　　　　　创新驱动型经济的主要特征

经济类型	投资驱动型经济	创新驱动型经济
主导产业	传统制造业	高新技术产业
经济要素	土地　劳动力　资本	人才　技术

续表

经济类型	投资驱动型经济	创新驱动型经济
产业组织	产业链制造环节	完整创新链与服务体系
政策导向	招商引资	培育创新集群
空间平台	工业园区	科技城　高新区

其次，科技创新平台是全球创新网络的重要节点。创新全球化进程的不断深化，最直接的影响是全球创新版图的变迁。一方面，在全球创新网络中，美国硅谷、英国剑桥、印度班加罗尔等国际知名科技园区都在采取多项措施吸引各种创新要素，积极抢占全球科技创新和高技术产业发展新的战略制高点，从而成为全球创新网络的重要节点。另一方面，从中关村、台湾新竹、印度班加罗尔等科技园的成功经验看，发展中国家和地区打造一流科技园区的关键是形成与硅谷等发达国家科技园区的高端要素互动走廊与技术转移通道，全面深层次地融入全球创新网络，并与本土产业技术创新体系有机结合，形成国际创新要素流动与本土化落地开花的良性互动机制。

因此，浙江在实施创新驱动发展战略过程中有必要以更广阔的视野与战略思维，构建有利于中长期国内外创新要素集聚与深度合作的科技创新平台体系。

（二）科技创新平台是探索市场化的创业服务新体系新机制、构建竞争新优势的突破口

长期以来，科技与经济"两张皮"的问题成为困扰我国和浙江经济发展、制约高新技术产业发展的重要体制机制障碍，集中表现为"四不"现象：科技投入产出不匹配；产学研用结合不紧密；评价考核科技成果的标准不科学；科技创新的体制机制不适应。通过加快科技创新平台建设有助于探索市场化的创业新机制，完善科技创新创业服务体系和政策激励机制，破解"四不"现象，形成浙江创新发展的新模式和新优势。

首先，科技创新平台建设的核心是系统性构建促进创新创业的制度环境与专业化服务体系。从国际经验特别是硅谷经验来看，他们的成功之处在于借助市场力量形成完整的创新创业服务体系，有效地实现创新知识由研发机构—研发公司—商业孵化器—风险投资—新商品转化的完整成长链与市场化创业成功机制，从而实现了科技与经济的市场化链接。可以说科技创新平台的本质就是创新创业服务。因此，系统性构建促进创新创业的制度环境与专业化服务体系既是浙江科技创新平台建设的重要工作，也是浙江探索创新型经济发展之路的首要任务。

其次，科技创新平台建设是浙江形成创新驱动发展新优势的核心环节。从全国创新要素的布局来看，浙江创新要素资源不占优势，但浙江市场化程度高，民间资本雄厚，民营企业家具有创新的禀赋优势。因此，从探索市场化的新体系新机制入手，构建科技新特区新平台，形成集聚创新要素、加速科技产业化的比较优势，是实施创新驱动发展战略的可行路径。特别是，随着我国全面实施创新驱动发展战略，创新投入水平与战略新兴产业发展进入加速发展的关键期，兄弟省市也逐渐形成了各具特色的创新驱动发展战略。对浙江省而言，必须抓住机遇、大胆探索，以良好的区域服务环境与制度优势来吸引国内外高端要素帮助科技创业者"率先成功"，才能形成创新创业平台的特色优势与强大吸引力，构建创新驱动发展的新优势。

（三）科技创新平台是培育战略新兴产业集群、带动全省产业升级的主战场

目前，浙江产业结构还是以传统制造业为主，高新技术产业增加值比重约为工业增加值的20%，高新技术产业发展规模与速度落后于江苏、广东、山东等兄弟省份，尽管浙江高新技术产业发展具有自身内源式发展的独特优势，但整体低端化的产业结构使浙江经济转型升级负担沉重，创新驱动发展战略缺乏有力的产业支撑。因此，必须加快发挥科技创新平台建设的作用，促进战略新兴产

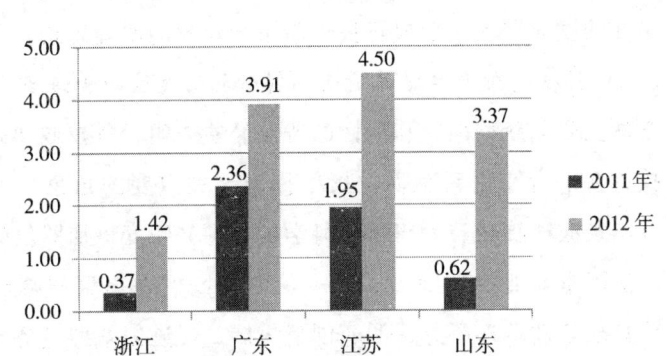

集群培育，提高高新技术产业规模和发展水平。

图4—1 各省高新技术产业产值比较（单位：万亿元）

首先，科技创新平台是新产业新业态的策源地。高水平的科技园区可以发挥强化产业创新集聚密度与协同效应、培育创新集群的功能，成为新产业新业态的策源地。目前，浙江在杭州、宁波、嘉兴、金华等地已经具备了诸如物联网、新材料、光伏、新能源汽车等战略新兴产业发展所需的基础条件。进一步加强科技创新平台建设，加强相关产业的创新链、服务链和产业链的集聚、协同与功能提升，探索战略新兴产业的商业模式创新，可以加快浙江重点战略新兴产业和高新技术产业的发展步伐。

其次，科技创新平台是引领区域产业升级的发动机。在浙江实施创新驱动发展的整体战略中，科技创新平台是具有承接国内外高端要素、促进产学研协同创新、引领与辐射全省产业发展等多种功能的公共平台。一方面，通过战略新兴产业的技术扩散与产业转移，科技创新平台可以促进整个区域高新技术产业带的出现。另一方面，科技创新平台中电子信息、物联网、新能源、新材料等战略新兴产业可以促进传统制造业和服务业的转型升级。

二 科技创新平台发展的国际成功经验

由于美国等发达国家在加强科技创新平台建设、促进创新型经济发展中具有丰富经验，硅谷等世界一流科技园区已经具有比较成熟的发展机制，因此浙江可以通过系统学习国际成功经验，并结合浙江实际的发展需求，形成科技创新平台建设的明确思路。

（一）科技创新平台建设是国际创新驱动发展的普遍经验

全球主要创新型国家和地区的普遍经验表明，科技城和高新区等科技创新平台在创新驱动发展中扮演至关重要的角色。美国硅谷、日本筑波科技城、台湾新竹科学工业园、印度班加罗尔软件技术园、法国索菲亚科技园等国际一流科技园区在集聚高端创新要素、培育战略性新兴产业、形成创新集群、促进创新型经济发展方面发挥重要作用，并成为经济贡献度很高的经济发展增长极。

例如，美国硅谷占美国国土的万分之五，GDP占美国5%，吸纳了美国30%—40%的风险投资；2012年新创企业4.6万家，每20天有一家公司上市，美国前100强的公司，40%来自硅谷。班加罗尔软件技术园已成为全球最成功的软件外包中心，目前印度占全球软件外包的65%及服务外包的40%，其中班加罗尔的贡献占印度IT产业产值的1/3。中国台湾地区新竹科学园区是带动台湾高科技产业发展的重要基石，占台湾制造业产值的9.3%。大德研究开发特区为韩国国内拥有最多研究人力的产业研发、人才培育及产业化基地，是推动韩国经济发展的重要引擎。

（二）一流科技创新平台具有创新能力强和国际产业影响力大的特点

世界一流科技创新平台以高科技产业为主，注重产业界与大学、研究机构的互动交流，具有创新要素集聚和国际化水平高的特点。根据对世界主要科技创新平台的分析（见表4—2），一流科技创新平台具备以下特点：（1）对该国经济贡献度高；（2）产业竞争力强（产业居全球前三）；（3）对全球产业具影响力（区内拥有具全球影响力的本土品牌和企业，如市场占有率前三位）；（4）创新研发和自主创新活跃（研发支出占营收比超过5%、每万人专利件数超过100件）；（5）高端人才占比高（硕博士人才占比超过20%）；（6）国际化程度高（国际/国家级研究机构及大学3家以上、拥有世界500强企业超过3家）。

表4—2　　　　　国际一流科技创新平台的特点

编号	指标	硅谷	新竹	大德	班加罗尔
1	对该国经济贡献度高	占GDP比重5%；创投占全国30%—40%	占GDP比重7%，占台湾地区制造业产值9.3%	占GDP比1.5%	软件出口额占比37%
2	产业居全球前三	软件、互联网、智能手机	芯片代工、TFT面板	CDMA技术、超级计算机	软件
3	具全球影响力的本土品牌和企业（市场占有率前三）	苹果、英特尔、惠普、谷歌	台积电、联电、友达	LG、三星	威普罗、Infosys
4	研发支出占营收比超过5%	12%	集成电路产业10%左右	37.02%	8%
5	每万人专利件数超过100件	120件	170件	8641件	-
6	硕博士人才占比超过20%	35%	27.7%	33.8%	-
7	国际/国家级研究机构及大学3家以上	超过5家	3家	超过10家	超过5家
8	世界500强企业超过3家	苹果、英特尔、谷歌等	-	-	夏普、IBM、英特尔

（三）不同类型科技创新平台的发展模式各有不同

世界上富有特色和典型意义的科技创新平台主要有三种发展模

式。例如，印度班加罗尔与台湾地区新竹的国际技术合作发展模式，形成了国际创新要素流动与本土创新体系吸收对接的良性互动机制，对浙江科技创新平台建设极具借鉴意义。

第一，以美国硅谷为代表的高技术产业综合体模式。硅谷既注重研究开发，又注重产业发展，更重视研究开发与产业界的合作，形成了具有鲜明特色的"产学研一体化"的创新模式。（1）在基础研究和应用研究的关系方面，硅谷提出要把基础研究和应用研究无缝连接，而不是进行基础研究后再进行技术研究，然后再产业化。现在硅谷的公司和创业者都进行大量的基础研究工作，基础研究和创业之间的边界越来越模糊，大学和社会的关系也越来越一体化，这就要求在高新区进行更前沿的探索。（2）在新兴业态发展方面，硅谷平均每年新创企业数在1.3万—1.5万家，同时也有1万家左右的企业被淘汰。在过去几十年间，怀揣着改变世界梦想的创业者在硅谷不断创造新的技术和新的商业模式，催生出许多原创性新兴产业和具有世界影响力的大公司。特别是20世纪90年代以来，硅谷每隔五年左右就会出现一个从创业发展到改变世界的高技术大公司。根据《硅谷指数（2013）》，2012年硅谷新创企业数量达到创纪录的4.6万家，这意味着硅谷在引领全球新一轮产业变革中仍可以发挥关键作用。（3）在创业环境方面，硅谷具有研究型大学、成熟风险投资机制、发达法律服务、产业创新网络和创业创新文化有机结合的完备创业创新服务环境，从而为创新型集群的发展提供有力支撑。

第二，日本筑波科学城为代表的基础研究综合体模式。筑波科学城以国家级研究机构为主体，主要从事基础知识和技术的创新研究，经费基本来自政府财政预算。其发展模式是政府直接管理，政府提供大量的资金支持园区需要的基础设施和创新研究。筑波以往的发展轨迹表现为过度关注政府的作用，忽视了市场在建设区域创新体系中的积极作用，导致区域创新网络失衡。近年来积极调整政策，关注产学研结合，吸引民间力量进入筑波，创新"吸引人才，留用人才"的服务方式，引导创新资源新一轮的集聚。同时，产业技术综合研究所等机构通过科研所合并即法人化改革，利用企业孵化器来促进成果转化，并以促进技术的产业化应用为绩效考核标准。

第三，印度班加罗尔和台湾新竹科技园为代表的国际技术合作发展模式。（1）在国际技术合作方面，印度班加罗尔和台湾新竹科技园通过建立与硅谷及跨国公司密切联系的技术合作、人才网络和产业合作，分别在软件服务和集成电路产业，深深地嵌入国际技

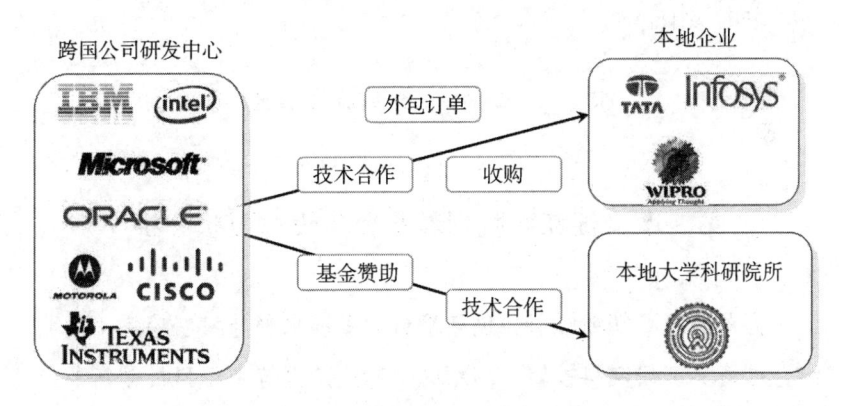

图4—2　跨国企业与班加罗尔的技术合作模式

术合作链条。（2）在本土创新体系的完善方面，印度班加罗尔和台湾新竹科技园建立了能与国际技术和产业有效对接的多层次本土化创新体系。台湾新竹科技园具有完善的产官学研合作机制与良好的投资环境。班加罗尔已形成以国内外企业为中心，并与政府部门、研究机构、中介组织有机结合的完善协同创新系统和机制（见图4—3）。班加罗尔聚集了IBM、英特尔、微软等数百家跨国公司的研发中心，同时班加罗尔周围有10所综合大学、70家技术学院，其中就包括有印度"MIT"之称的印度理工学院，还有印度科学研究院等知名院所，有良好的科研背景和充沛的智力资源。这些跨国公司的研发中心通过基金赞助、需求外包、技术合作、收购并购等方式，与本地科研院所以及本地企业之间形成了良好的技术

合作交流机制，保证了班加罗尔能够得到全球领先的软件技术。

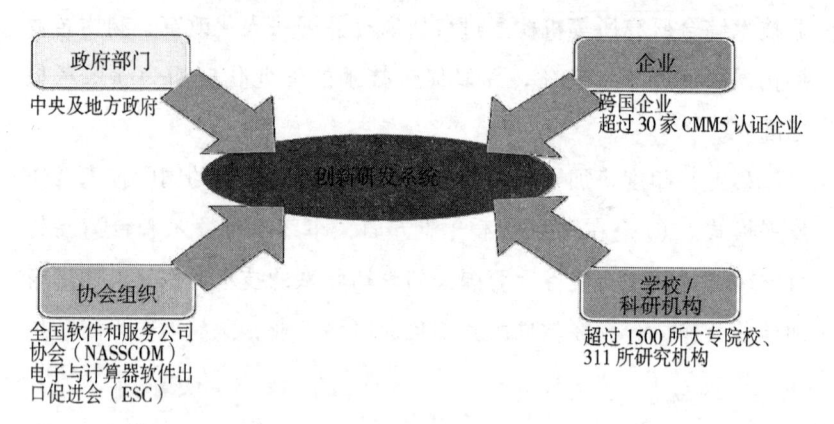

政府部门
中央及地方政府

企业
跨国企业
超过30家CMM5认证企业

创新研发系统

协会组织
全国软件和服务公司协会（NASSCOM）
电子与计算器软件出口促进会（ESC）

学校/科研机构
超过1500所大专院校、311所研究机构

图4—3　班加罗尔的协同创新体系

第二节　浙江科技创新平台建设的现状分析

为了清晰了解浙江科技创新平台的发展水平与发展趋势，以下结合进行实证研究科技城、高新区、工业园区等主要科技创新平台建设的现状分析。

一　科技城发展现状分析

杭州未来科技城与临安青山湖科技城是浙江省重要的高端科技创新平台。杭州未来科技城已成为我省人才特区，2011年与北京、天津、武汉等地的人才基地一起被列为"全国四个未来科技城"。临安青山湖科技城是浙江建设科技强省和创新型省份的重大工程，于2009年5月省政府批准设立。以下结合国内相关科技城的比较，对杭州未来科技城与临安青山湖科技城发展现状进行分析。

（一）全国四大未来科技城对比

未来科技城是中央组织部和国务院国资委为了深入贯彻落实建设创新型国家的战略和中央引进海外高层次人才的方针，着手开发建设的人才创新创业基地和研发机构集群。按照中央工作小组的建设进度安排，浙江未来科技城与北京未来科技城、天津滨海科技城、武汉东湖科技城一起，被列为中央企业集中建设的四大人才基地，从发展要素上看，各有特色。杭州未来科技城初步形成极具特色的发展模式。

综合来看，北京未来科技城是首个被列为中央企业集中建设的人才基地，主要以服务国内大型中央企业为主，企业平均实力和研发能力很强。天津滨海未来科技城作为天津高新区的扩展区，以天津滨海新城开发为依托，纳入国家发展战略，受到全国综合配套改革试验区发展的驱动，享有强有力的政策扶持，同时承接首都央企研发成果大规模产业化，并辐射渤海湾产业带。由于渤海湾产业带发展腹地辽阔，具有更好的区位优势，发展空间和辐射范围更为广阔。武汉未来科技城是以应用型研发为主的发展模式，具有雄厚的技术积累，受"光谷"文化影响深远，重点发展光电子信息、生物医药、能源环保、现代装备制造和高科技农业等五大产业。浙江未来科技城则注重民营企业的引进，体现"高端人才＋民营资本＋民营企业"的特色。[①]（如表4—3所示）。

表4—3　　　　　　　　中国四大未来科技城比较

	北京未来科技城	天津未来科技城	武汉未来科技城	杭州未来科技城
发展模式	以服务国内大型中央企业为主	全面承接首都央企研发，成果大规模产业化，辐射渤海湾产业带	以应用型研发为主，兼顾基础性研究，带中试孵化功能，区域内不搞产业化	注重民营企业的引进，体现"高端人才＋民营资本＋民营企业"的特色

[①] 吕克斐：《四大未来科技城发展要素比较分析》，载《杭州科技》，2011年第5期。

续表

	北京未来科技城	天津未来科技城	武汉未来科技城	杭州未来科技城
产业重点	新能源、信息、冶金、节能环保、航空、新材料等	新能源与新能源汽车、新一代信息技术、航空航天、生物医药等	光电子信息、能源环保、高端装备制造和高科技服务业等	信息技术、生物医药、新能源新材料、文化创意、金融服务等
产值效益	15家央企引进"千人计划"专家100余人	落户项目500余个,引进科技人才2000余人	引进海外高层次人才288名,2000多个海内外人才团队	引进项目700余个,"国千"50名、"省千"64名

(二) 两大科技城对比分析

杭州未来科技城与临安青山湖科技城两大科技城构成了杭州城西科创产业集聚区。其中,未来科技城整体规划面积113平方千米,近期重点建设区35平方千米。青山湖科技城规划面积115平方千米,分为研发区、产业化区、现代服务和综合生活配套区、生态休闲区等四大功能区。杭州未来科技城与青山湖科技城发展现状及其比较可总结为表4—4。

表4—4　　　　　　浙江两个科技城的比较

	杭州未来科技城	青山湖科技城
发展模式	研发型经济发展模式,并注重民营企业的引进,体现"高端人才+民营资本+民营企业"的特色	产业化水平高,形成"科研机构+科技型中小企业+产业化+装备制造业"发展模式
产业重点	信息技术、生物医药、新能源新材料、文化创意、金融服务为主的研发经济和服务经济集群、服务中介平台	装备制造业、生物医药、新能源、新材料、总部经济
创新要素与体系	海外高层次人才项目;省属国企、央企和大院、大所建设研发基地、院士项目;发展研发经济、服务经济与总部经济相协调的产业发展导向	香港大学浙江研究院、浙大网新等科研院所、企业研发机构和高校;院士工作站、博士后工作站;省级以上企业研发、技术中心

续表

	杭州未来科技城	青山湖科技城
政策工具	研发项目启动资金、人才奖励、人才住房等政策；设立项目引进的人才、效益进入门槛	总部引进、国内领先国际一流科研机构、科技型中小企业产业化基地等政策
产值效益	管理资本超过 85 亿元，融资 20 亿元。引进海归投资项目 263 个，已有 91 家进入产业化阶段。2012 年技工贸总收入 343 亿元，其中服务业营业收入 307 亿元	2013 年规模以上工业销售产值 300 亿元，高新技术销售产值占超过 70%。龙头企业实力增强，销售产值过亿企业达 30 家

首先，两大科技城初步形成各具特色的发展模式。未来科技城是以高层次人才创业为基础的研发型经济发展模式，并注重民营企业的引进，体现"高端人才+民营资本+民营企业"的特色。至 2014 年 3 月底，未来科技城累计拨付各类人才、科技奖励补助资金 1.5 亿元；累计引进海外高层次人才 781 名，其中"国千"50 名、"省千"64 名，联系对接各类人才 2500 余人次，累计引进海归投资项目 263 个，已有 91 家进入产业化阶段；科技型中小微企业注册累计达到 356 家；累计引进股权机构 48 家，管理资本超过 85 亿元，吸引省市区引导基金阶段参股 2 亿元，101 家海归企业获得融资，融资规模达 20 亿元。

相比较而言，青山湖科技城更注重产业化发展水平，形成"科研机构+科技型中小企业+产业化+装备制造业"的发展模式，大力推动创新链、产业链、金融链融合，进一步深化企业与院所合作。至 2013 年年底，青山湖科技城累计引进香港大学浙江研究院、浙江西安交通大学研究院、浙江大学青山湖科技研发园等科研院所、企业研发机构 43 家，大企业大集团研发中心 5 个，累计引进各类高层次人才 2100 余名，建成省级以上企业研发中心和技术中心 21 个、院士、博士后工作站 11 个、省级企业研究院 3 个。

其次，重点发展产业有所区分并初露端倪。未来科技城主要产业为信息技术、生物医药、新能源新材料、文化创意、金融服务为主的研发经济和服务经济集群、服务中介平台。青山湖科技城加快集聚高新技术产业，主攻高端装备制造和节能环保产业。2013年，青山湖科技城实现规模以上工业销售产值300亿元，高新技术销售产值超过70%。

最后，创新创业政策体系与服务体系不断完善。杭州未来科技城在人才集聚、招商引资、产业发展、平台建设等六个方面加大工作力度，取得一定进展。在招商选资方面，明确进入门槛：对研发类项目，要求本科40%、投资300万元/亩、海外高层次人才比例等投资条件；对产业化项目，要求注册资金1500元/平方米、年销售收入2万元/平方米（1333万/亩）、年利税不少于2000元/平方米。同时，至2013年年底，37万平方米海创园首期研发孵化平台投入使用，10万平方米科创中心二期即将建成，10万平方米人才公寓正加紧建设。青山湖科技城实施了院所退出机制，部分科研能力不强的院所退出科技城。制定实施《关于鼓励入驻杭州临安青山湖科技城浙商研发总部基地的若干政策意见》《关于鼓励高层次人才入驻青山湖科技城创新创业的若干政策意见》等政策。城市框架基本形成，产业项目、研发用房、配套设施等建设取得了阶段性成果，并加快科技成果转化，建设"中介超市"，进一步创新体制机制，深化审批制度改革，完善投融资体系。

二 高新区发展现状分析

高新园区是培育发展高新技术产业和战略性新兴产业的核心载体，承担了高新技术产业发展的创业、孵化、集群三种功能，对于促进我省实施创新驱动战略、加快产业转型升级、发展创新型经济具有十分重要的战略意义。经过20年来的建设发展，全省已拥有4个国家高新区和24个省级高新园区，其中2012年前批准建设的国家、省级高新园区19个，没有明确规定产业方向；2012年以后批准建设的9个省级高新园区，明确规定了产业主攻方向。

(一) 发展高新技术产业的主阵地

一是集聚战略性新兴产业的核心载体。我省高新园区主要聚集在环杭州湾和温台沿海高新技术产业带，是支撑我省高新技术产业发展的中坚力量，物联网产业、化学原料和化学制品制造业、医药制造、仪器仪表制造等高新技术产业产值居全国前列。例如杭州高新区初步形成了电子商务、集成电路设计、软件信息、动漫游戏、数字电视和物联网等网络信息产业集群，构成了该区高新技术产业发展的基础，也引领和带动了杭州乃至全省网络信息产业的发展。2013年，杭州高新区网络信息产业收入近2000亿元，占浙江省同类产业的40％以上。

二是带动经济增长的重要引擎。2013年全省高新园区实现技工贸总收入14696亿元、工业总产值10905亿元、利税总额1340亿元，同比分别增长19.95％、12％、19.77％。高新园区的良好发展带动产业结构和整体经济效益的提升，2013年高新技术产业增加值2992亿元，同比增长10.3％，增速较规模以上工业增加值高1.8％；占规模以上工业增加值比重25.6％，占比较上年提高0.3％。

三是引领产业错位发展的重要平台。2012年以来，我省布局创建嘉兴光伏、舟山船舶装备、杭州青山湖高端装备、衢州氟硅新材料、绍兴纺织新材料、湖州现代物流装备、永康现代农业装备、宁波杭州湾高性能新材料、诸暨现代环保装备等11家省级高新园区，在园区的命名上冠以产业名称，明确重点发展的产业方向。目前已经逐步形成杭州和金华发展新能源汽车、嘉兴发展光伏发电装备、台州等地发展现代医药、绍兴县和新昌县发展智能纺织印染装备、杭州高新区发展智慧健康软件与装备、温州高新区发展激光与光电产业等战略性新兴产业错位发展的新格局。

(二) 集聚高端创新资源的核心区

一是集聚各类创新载体。目前，集聚国家重点扶持的高新技术企业、省级以上创新型企业数量，均占全省总数的30％以上；企业研发机构、省级企业研究院、国家工程技术研究中心和企业技术中心数量占全省总数的25%以上。2012年高新园区研发经费在园区生产总值中的比重达5.05%，远高于全省平均水平。各高新园区内的高新技术企业和龙头骨干企业基本建立了企业研发中心、博士后工作站等研发机构，科技型中小企业通过深化产学研合作，与高校院所和科研机构也建立了紧密的合作关系。

二是集聚资本和智力。近年来，我省高新园区积极开展"招商选资"工作，同时全面贯彻"人才强省"战略，落实支持人才创新创业的激励政策，大力引进海外高层次创新人才和一流创新团队。例如，至2013年年底，杭州高新区累计引进海外创业人才2700人，创办留学生企业594家，软件研发从业人员12.4万人，建有博士后工作站（分站）43家，拥有国家"千人计划"人才33名，省"千人计划"人才77名。

三是集聚重点企业研究院。省政府围绕新兴产业的发展抓技术创新，加快构建以企业为主体、以市场为导向、产学研相结合的技术创新体系，在全省择优选择具有较好研发基础、较强创新能力的龙头骨干企业和高新技术企业，建设一批省级重点企业研究院，目前已围绕纯电动汽车、现代医药、船舶装备、智能纺织印染装备、氟硅新材料、光伏发电装备、"智慧城市"大型专用软件、现代物流装备、现代农业装备、现代环保装备、"智慧医疗"操作系统软和现代装备高新区装备电子（软件）等新兴特色产业领域建设省级重点企业研究院83家，试点企业基本上都是高新园区的企业，其中杭州高新区，嘉兴光伏、衢州氟硅、舟山船舶、永康现代农业装备、湖州现代物流装备和诸暨现代环保装备高新园区集聚了相关新兴产业的全部28家重点企业研究院，高新园区已成为我省重点企业研究院集聚的核心区，是开展新兴产业技术创新综合试点的主阵地和大平台。

（三）引领转型升级的示范区

一是带头"腾笼换鸟"。我省高新园区坚持倒逼机制，以土地节约利用、清洁能源生产、淘汰落后产能等为抓手，着力改变高投入、高消耗、高排放的粗放型增长方式，集中力量开展环境违法专项整治，关停了一大批具有较大生产规模的落后企业和污染企业，基本淘汰高耗能高污染企业。绍兴高新区把握市区二环线内产业结构调整的机会，对铅酸蓄电池、化纤、印染三大重点污染行业企业实行分类管理，强制关停重污染企业，推动产业转型升级。2012年，11个高新园区盘活存量土地1万多亩，为引进一批高新技术项目，提升产业层次提供了空间，园区可持续发展能力得到了显著提升。

二是带头"机器换人"。我省高新园区积极贯彻落实省委省政府关于加快推进产业转型升级，全面推进"机器换人"，以现代化、自动化的装备提升传统产业的重大决策部署，加大技改补助力度，出台扶持政策，鼓励和引导企业开展技术改造，或采用先进工艺技术和生产流水线，或自行研发自动化设备，促使工业制造方式向智能化、精细化和高效化方向转变，提高制造业生产自动化水平。2012年，温州高新区，柯桥、萧山、余杭、诸暨现代环保装备等高新园区制造企业用于技术改造投入达到90亿元，在提高产品质量、减少用工人数、节约人力成本等方面起到了极大的促进作用，一大批项目被列为国家和省级重点技术改造项目。杭州青山湖高端装备高新园区建成了亚洲最大的叉车流水生产线，生产效率提高近一倍，"焊接机器人""切割机器人"等专用机器人在劳动强度大、生产环境恶劣的岗位上的应用日益普遍。

三是带头发展现代装备制造业。我省已经拥有8个装备产业专业性园区，已初步形成智能纺织印染装备、光伏发电装备、重型制造装备、船舶装备、现代农业装备、现代物流装备、现代环保装备等现代装备产业错位发展的新格局，高新园区已经成为我省发展现代装备制造业的主要载体和平台。柯桥和新昌高新园区集中了我省主要的纺织机械制造企业和装备电子等配套企业，2012年产值超过150亿元，占全省纺织机械工业总产值的2/3，基本形成了比较完整的纺织装备产业链。杭州青山湖高端装备高新园区 2012 年装备制造业实现销售产值 220 亿元，占全区规模以上工业销售产值的 79%。

四是带头"个转企"和"规下升规上"。高新园区通过宣传引导、政策服务、资金扶持、搭建平台等一系列手段，建立健全"个转企"和"规下升规上"的企业培育库，落实培育措施和优惠政策，鼓励小微企业做大做强。诸暨现代环保装备高新园区，每年安排 500 万元资金鼓励小微企业发展，自"个转企"活动启动以来，120 多家个体户进入培育库，47 家成功转型为企业。杭州高新区以科技企业孵化器为龙头，积极推进优势产业专业企业孵化器建设，在孵面积 30 多万平方米，每年吸引近 200 家小微企业入驻创业，并通过建立银行、小额贷款公司、风投公司"三位一体"的模式，为中小企业提供融资咨询、项目推介、中介服务、创业辅导和评估交易等全方位、专业化、一站式投融资服务，杭州银行科技支行已累计发放贷款 63.34 亿元，3 家小额贷款公司累计贷款金额 98.29 亿元。

三　工业园区发展现状分析

各类工业园区是各级政府经上级政府（中央、省、市）的批准，专门划出一块特殊区域，通过一定的政策引导和资金投入，创造出优于其他区域的投资环境，实现以产业集聚和企业集群为目标的特殊空间。目前，浙江有宁波、杭州、萧山、温州等 17 个国家级经济技术开发区，杭州钱江、临安、南浔、东阳等 57 个省级经济开发区，以及循环经济园区等各类工业园区。总体而言，浙江工业园区发展呈现出以下现状与趋势。

（一）促进经济发展的重要平台

经济技术开发区是工业园区的主要形式。浙江经济技术开发区以占全省 5% 的土地，贡献了全省 32% 的税收、49% 的外贸额和 57% 的工业总产值。国家级经济技术开发区是我省发展水平最高的工业园区，以下选取几个典型的经济技术开发区进行比较分析，如表 4—5 所示。

表 4—5　　　　　　　　浙江主要经济技术开发区比较

	区域面积	主导产业	招商引资	业绩表现
杭州经济技术开发区	60平方千米	装备制造、电子信息、生物医药、食品饮料等四大优势主导产业，培育发展汽车整车及零部件、新能源新材料、服务外包、文化创意等	开发区已集聚了41个国家和地区的824家外商投资企业，跨国公司集聚效应显现	2012年实现地区生产总值451.9亿元，实现规模以上工业销售产值1505亿元，财政总收入105亿元
宁波经济技术开发区	29.6平方千米	石化产业，装备制造业、汽车及汽配产业，新能源和清洁能源产业，高新技术与新兴产业	至2012年年底，累计批准外商投资项目2030个，投资总额321.8亿美元，合同外资金额165亿美元，其中千万美元以上大项目473个	2013年工业总产值1939亿元，税收收入142亿元，进出口总额193.5亿美元
温州经济技术开发区	133平方千米	纺织、鞋革、机械等传统产业提升和新能源、新材料、电子信息、先进装备、关键汽车零部件等	至2011年年底，累计引进外资项目337个，合同外资9.75亿美元，实际利用外资5.45亿美元。	2012年工业总产值539亿元，财政总收入37.3亿元
绍兴袍江经济技术开发区	66平方千米	电子信息产业、节能环保产业、新材料产业、食品饮料产业、现代轻纺产业	至2012年年底，累计利用外资30亿美元	2011年工业现价产值642亿元
萧山经济技术开发区	181平方千米	机械制造、电子电器、汽车整车及重点零部件、轻纺服装、医药食品、建材家具	至2012年6月累计批准外资企业550个，总投资84亿美元	2011年工业总产值560.73亿元，实现财政收入47.54亿元

从上表可以看出，浙江主要的国家级经济技术开发区已经成为产业发展、国际技术引进、经济增长的重要发展平台。例如，杭州经济技术开发区是全国唯一集工业园区、高教园区、出口加工区于一体的国家级开发区，辖区人口约40万人。杭州开发区集聚了171家年销售产值超亿元的企业，形成了装备制造、电子信息、现代食品、生物医药四大优势主导产业。投资环境综合评价连续三年位居全国国家级开发区十强、多年位列浙江省开发区第一位。

（二）国际开放合作的前沿

从设立之初，浙江各级开发区就承载了加快招商引资、引进国际先进项目、加强国际合作的重要使命。在长期发展中，开发区充分发挥对外开放"主阵地"的作用，实施大项目带动战略，强势推进招商引资工作，全面提升工业园区的引资水平和质量。

近年来，浙江各级开发区特别是国家级开发区成为当地吸引外资、带动外向型经济发展的主平台，引进了不少重大外资项目。据统计，2013年全省有50%左右的重大外资项目落户开发区，有37%的实际外资落户在20家国家级经济技术开发区内。仅平湖开发区，近年来就吸引了海外企业300多家，资金40多亿美元，包括日本三菱、韩国三星、美国嘉吉等20余家世界500强企业落户当地。萧山开发区用较少的土地指标引进了1000万美元以上的大项目22个，其中5000万美元的大项目4个。

（三）发展模式与产业结构不断优化

近年来，随着工业园区自身的发展壮大，园区发展模式呈现从做单一项目到做有龙头企业引领的产业园、从投资项目引进转向人才团队引进，着力发展创新型工业园区，加快高新技术产业引进，大力支持企业提高自主创新能力。全省开发区通过优化产业结构，设立高标准的"准入门槛"，使土地资源向具有技术优势、品牌优势的企业倾斜，集聚、整合各类创新资源。例如，萧山经济技术开发区内设杭州江东国家新能源高新技术产业化基地、装备制造国家新型工业化产业示范基地、国家级杭州软件产业基地萧山扩展区块和江东新城、萧山高新技术产业园区两个省级开发区等创新型工业园区块。杭州经济技术开发区加快建设三个新兴产业园区：国际智能装备产业园、汽车及零部件产业园、生物医药产业园。

目前，浙江全省共有各类开发区117家，已初步形成汽车零配件、光机电、生物医药（食品）、新能源新材料、先进装备制造以及纺织、服务、旅游等一系列高新产业体系，产业发展布局日趋完善。

第三节　浙江科技创新平台建设的问题分析

由于长期以来受创新要素缺乏、传统产业发展为主等因素的影响，浙江科技创新平台建设发展相对滞后，在平台体系架构、园区规划、产业布局等方面都存在较大问题，不能适应浙江创新驱动发展战略的新要求。

一　科技城作为高端战略平台有待提升

以科技城为代表的高端战略平台是带动浙江科技创新、管理创新和制度创新的重要力量，也是优化科技要素配置、承接国家高端要素的重要依托。但就目前省内科技城发展情况看，存在以下问题。

（一）管理体制问题

我省全面实施创新驱动发展战略亟须一个承接国际高端创新要素、培育高端创新集群、带动产业转型升级的科技创新大平台。尽管我省两个科技城（杭州未来科技城、青山湖科技城）发展势头良好，但分别以余杭区、临安市为主的管理体制，不仅层级不高，而且容易造成资源分散和不良竞争等问题，从而影响科技城建设的绩效。

（二）资源整合问题

科技城是一个产业空间概念而不是一个行政区概念。一流科技城具有创新要素集聚度高、创新链条完备、创新集群规模大等特征（如表4—6所示）。但目前我省两个科技城以县域行政区为主体的管理体制，在统筹发展、资源整合、政策协调等方面的能力有限，投入能力也明显不足，导致功能与其定位不符、投入能力有限、创新链和产业链不完整，最终导致高端要素集聚度不高，难以适应科技城作为全省推进创新驱动发展的战略性大平台的新要求。

表4—6　　　　　　　主要科技城关键指标对比

	从业人员受教育程度	研发投入占营业收入比例	新增万人授权专利数（件）	人均增加值（万元）
中关村	硕士以上占10.15%	4.69%	45.7	22.8
美国硅谷	硕士以上占35%	12%	168	90（12.7万美元）
台湾新竹	硕士以上占27.7%	8.2%	141	145（683万新台币）
日本筑波	博士占科研从业人员的22.5%	占国家研发预算的40%	354	—

（三）发展空间问题

由于投入能力不足，两个科技城都面临资金平衡问题，在考虑空间规划与布局时，真正的研发区块和科技产业化区块所占面积的比例相对较小。如青山湖科技城，总面积115平方千米，其中研发区面积仅5平方千米，产业化区面积40平方千米，发展的空间明显不足。相比之下，北京中关村、武汉东湖、上海张江、安徽蚌埠等的面积均达到了500平方千米左右。

二　高新区发展规模小与层次不高

国际国内经济形势发生明显转变，战略性新兴产业与研发经济逐渐成为重要产业，创新能力逐渐成为抢占未来制高点的关键，发展高新技术产业和战略性新兴产业成为破解环境制约、提升综合竞争力、实现转型升级的重要途径。高新园区作为我省重要的科技创新基地、高端创新人才的集聚基地、高新技术产业和战略性新兴产业的核心载体等，已迎来了重要历史机遇。高新区已经是引领浙江高新技术产业化的主战场，培育和发展战略性新兴产业的核心载体，转变发展方式和调整经济结构的重要引擎。但就目前发展看，存在以下主要问题。

（一）国家高新区数量少、规模小

浙江一直缺乏国家投资，国家大型企业和科研机构极少。工业化道路从乡村工业起步，以出口导向为主，资源、技术、市场均依赖省外，产业以传统轻加工产业为主，产业组织呈现"低、小、散"的特征，在发展高新技术产业上先天不足。浙江国家高新区数量明显偏少。我省现有国家高新区5个，高新区数量与江苏省10个（含苏州工业园）、广东省9个、山东省9个有较大差距。我省高新园区面积远小于江苏省及中西部一流国家高新区，发展高新技术产业的空间明显不足。江苏省南京、苏州、无锡、常州、泰州、昆山、江阴等7个国家高新区面积达到1238.6平方千米，是国家核准面积61.64平方千米的20倍；我省杭州、宁波等国家高新区面积仅为国家核准面积29.63平方千米的4倍。四川省在成都高新区基础上规划建设的"天府新区"面积达到1500平方千米，东湖高新区、西安高新区等面积都在300平方千米以上。

（二）高新区产业带动力弱、创新集聚度低

高新区带动力较小。我省国家高新区带动区域经济发展作用远低于国家一流高新区。2011年，江苏7个国家高新区工业增加值占全省工业增加值的12.4%，同期我省3个国家高新区仅为3.8%。2008—2011年间江苏省7个国家高新区工业对全省工业增加值的增长贡献度为25%，同期我省3个国家高新区的贡献度仅为5.6%。2012年西安高新区GDP和工业产值在所在城市的比重高达32%和81%，杭州高新区仅为6.0%和5.5%。广东高新区工业总产值突破 1.5 万亿元，创造全省 1/6 的工业增加值、1/3 的高新技术产业产值。江苏高新区创造了全省近 1/5 的生产总值、1/4 的工业增加值、近 40% 的高新技术产业产值。山东高新区规模以上工业总产值为 1.3 万亿元，已接近浙江全省规模。

（三）区域创新要素积累不足、创新投入欠缺

区域创要素积累不足，决定了浙江支撑高新技术产业发展的创新能力不强。高等院校、科研院所在高新区创新中作用的发挥有所减弱，高校和高层次人才也是浙江的薄弱环节（如表 4—7 所示）。浙江在全国具有较高影响力的科研机构缺少，科研机构实力还比较薄弱，在重点实验室、工程技术研究中心、企业研究院、院士工作站等高新科技成果研发和产业化的重要平台建设上落差较大。

表 4—7　　　　　主要省份教育与创新资源比较

	浙江	江苏	广东	山东
普通高校数量	82	126	120	139
"211" 院校数量	1	11	4	3
"985" 院校数量	1	2	2	2
一级学科博士点数量	66	95	113	98
在校研究生数量	5.18 万	13.45 万	7.7 万	6.91 万

2012 年年底，浙江大中型工业企业建有 2583 个研发机构，但大中型工业企业建有研发机构的比例为 51.3%，还低于江苏 64.8%、山东 65% 的水平，落后 14 个百分点左右。浙江拥有国家重点实验室 12 家、国家工程技术研究中心 10 家，比山东分别少 6 家和 20 家；比江苏少 20 家和 12 家；国家工程技术研究中心比广东少 2 家。省级重点实验室、工程技术研究中心浙江共 240 家；江苏省级工程技术研究中心 1617 家，省级重点实验室 60 家；山东省级工程技术研究中心 923 家，省企业重点实验室总数达到 60 家；广东省级工程实验室 24 家，省级工程研究中心 552 家。风险投资，特别是"天使投资"相对缺乏。目前，浙江创业风险投资机构管

理资本总额为 281 亿元，大大低于江苏的 597.15 亿元和广东的 491.4 亿元。

（四）经济总量不够大、龙头企业不够多

2011 年，江苏省 7 个国家高新区技工贸总收入、高新技术产值、工业增加值、出口创汇额分别为 13960 亿元、7860 亿元、2943 亿元和 631 亿美元，分别是同期我省 3 个国家高新区同类指标的 3.7 倍、5.2 倍、4.7 倍和 6 倍。作为我省国家高新区排头兵的杭州高新区，2012 年营业收入和工业产值分别只有北京中关村的 11% 和 13%，上海张江的 31% 和 17%。我省高新园区在引进世界 500 强、央企、军区和知名民企的高技术和战略性新兴产业项目上相对滞后，缺乏支撑引领高新技术主导和支柱产业发展的大项目、大龙头，与国内一流高新区大手笔引进世界 500 强等龙头企业和大项目有较大差距。西安高新区成功引进我国自改革开放以来电子信息领域最大的外商投资高新技术产业项目——三星电子闪存芯片项目，该项目一期第一阶段投资 70 亿美元，年销售将达 660 亿元。

（五）产业特色不明显

我省高新园区虽然都有规划和定位，但整体来说重点不够突出、特色不够鲜明，高新园区在引领发展高新技术主导与支柱产业方面的特色还不够明显，仅杭州高新区的网络信息产业达到千亿级产业集群，其他高新园区的主攻产业规模整体偏小，与一流高新区差距明显。江苏省近年来高新技术产业发展速度远超我省，其中一个重要原因就是以高新区为载体，明确高新技术产业主攻方向，形成了重点突出、错位发展的格局。苏州高新区全力打造新一代电子信息、医疗器械、新能源、轨道交通四个千亿级产业集群，累计引进世界 500 强企业 30 多家。无锡高新区主攻物联网产业，汇集 80 多家世界 500 强企业，总部性企业在全市的比重超过 1/3。

三 工业园区功能不突出、布局分散

目前，经济技术开发区、产业基地和各类工业园区的发展上出

现了一些问题,与当地经济关联度弱化,缺乏专门而高级的企业服务业,工业园区发展与产业空间合理布局存在矛盾。

(一)各级各类工业园区产业定位和分工不明确

浙江省内工业园区按照批准级别可以分为国家级、省级、市级、县级、镇村级等,各个园区之间缺乏协调和衔接,造成园区之间功能混乱,产业结构趋于雷同,产业特征不明确。尽管近年来部分国家级经济技术开发区加快了以主导产业与战略新兴产业为主的专业创新型园区的建设,但是大多数工业园区还没有进行科学的中长期产业规划,仍然处于低水平发展状态。

(二)工业园区分散、升级乏力

区域上过于分散,数量多;而且园区建设落后,且规模小,布局分散,整体产业空间表现出分散、割裂的局面。工业园区升级乏力。很多园区中的企业规模小、产品档次低,还停留在家庭作坊式的阶段,企业发展潜力很小,使得整个园区的产业层次偏低,各种企业混杂,整体升级面临挑战。实际上大多数工业园区由于缺乏高端创新要素与机构,难以形成高水平产业服务体系,产业升级困难重重。

(三)很多工业园区缺乏继续发展的空间

随着城镇的扩展,很多工业区都成了城镇的中心区域,园区逐渐被居住区、生活区和商贸区所包围,园区没有继续向外发展的空间,导致园区中的企业用地困难,企业升级受到限制。同时,园区内很多企业是集生产、生活、仓储于一体的"三合一"家庭作坊形式,使得用地的置换和调整存在很大困难。随着浙江土地资源的日益短缺,工业区进一步调整优化更加困难。

第四节 推进浙江科技创新平台建设的对策建议

随着创新驱动战略的加快实施,浙江必须高度重视科技创新平台的建设,立足于长远产业与经济发展的需要,加快科技创新资源及其集聚平台体系的建设,高端定位、系统布局、加强保障,为此提出相关对策建议。

一 系统构建区域创新平台体系,促进创新要素优化配置

构筑不同层次的区域创新平台体系。浙江土地要素短缺,如何在有限的土地范围内,实现科技要素最优配置,以期产生最佳效益,创造最大的价值,这是各类科技创新平台必须考虑的问题。浙江应抓住全球新一轮科技革命和战略性新兴产业发展的战略机遇,举全省之力打造高水平的科技创新平台,形成梯队体系,构建创新要素高度集聚、创新链高效整合、战略性新兴产业快速成长的区域创新平台体系(如图4—4所示)。

图4—4 浙江区域创新平台体系结构

构筑不同特色的科技创新模式。科技城、高新区与工业园区在以下方面存在不同的特色。首先,在目标定位上,科技城以承接国际高端要素、培育创新增长源为主,高新区则以发展高新技术产业、以技术创新带动产业发展为主要目标,工业园区则是以增加经济总量为直接目标,而不论是否有技术创新;其次,在价值链定位上,科技城聚焦于基础性、原创性研发高端环节,高新区是以研发、服务环节为主,定位于中高端环节,而工业园区则是以制造、销售环节为主等。具体模式比较如表4—8所示。

表4—8　　科技城、高新区与工业园区发展模式比较

	科技城	高新区	工业园区
目标定位	承接国际高端创新要素、培育创新增长源	以发展高新技术产业，促进技术创新为目标，创新性是其最重要的标志	以增加区域经济总量为直接目标，经济规模是其重要的标志之一
价值链定位	高端环节：基础性、原创性研发	中高端：以研发、服务环节为主，制造、销售环节为辅	中低端环节：以制造环节为主，销售环节为辅
发展动力	以技术创新、模式创新、利用高端外力培育内生力量	高新技术产业化	投资拉动、低成本的加工贸易
产业集聚	高端创新要素的集聚	高新技术产业集聚	规模化加工、成本的节约
政府作用	营造软环境为主，政府在支持创新创业、吸引创新资源方面投入较大力量	营造软环境，促进创新要素产业化发展	招商引资及硬环境建设为主，政府在吸引投资方面投入较大力度
企业	有代表性的大型企业，同时大量活跃的创新型中小企业、创新团队	产业链中高端的科技型企业	产业链中低端的中小企业
大学院所	知识和创新的重要来源，在技术创新、技术产业化、人才培养等方面与园区内企业发展联系密切	开发区内企业与大学院所没有十分紧密的联系，大学院所部分技术向企业转移	大学院所的作用并不明显

续表

	科技城	高新区	工业园区
资金	除企业投资、银行贷款外，风险投资、创新基金等是其标志性特征	以企业投资、银行贷款为主	以企业投资、银行贷款为主
人才	知识型高端人才、创业者、创新者是园区发展的动力，鼓励人才的自由发展和创造	要求多层次人才，主要是高端管理者、职业经理、掌握专业知识的员工	以熟练的、低成本的技术工人为主
技术	自主研发技术占有一定比例，并且具有较好的持续获得新技术的能力和条件	新兴技术孵化与技术引进相结合	以外来技术转移为主

二　推进杭州两个科技城整合发展，打造接轨国际的战略高地

建设科技城是国际创新发展的普遍经验，是国内区域竞争的关键举措，也是我省实现创新驱动发展的战略平台。杭州两个科技城"分离"发展的现状，难以满足我省全面实施"创新驱动发展"战略的新要求，有必要推进两者的整合发展。以争创国际一流科技城为目标，从我省接轨国际创新前沿和培育创新集群的高度，整体定位科技城的建设，推进杭州两个科技城的整合发展。

（一）统一管理，提升层级

建立省级层面的双城统一管理体制，省市县协力推进，至少要由杭州市来统一整合两城的发展。以争创国际一流科技城为目标，从我省中长期科技资源集聚、战略性新兴产业培育和创新发展的高度，重新整体定位科技城的建设。实现创新链、产业链的融合发展，集聚一流机构和创新要素，培养战略性创新产业集群。凸显科技带动效应。

（二）统一规划，整合功能

按照全省创新驱动发展战略性大平台的思路，对两个科技城进行统一规划和功能整合。统一规划的核心思路是以余杭镇为中心，两城变一城，形成科技新城（如图4—5）。整合后的功能分工与定位：未来科技城重在科技研发，发展重点在创新链上游，集聚国内外高端创新资源；青山湖科技城重在产业发展，发展重点在创新链中下游与产业链的打造；余杭镇作为支撑科技新城发展的功能平台，是科技新城的生活商贸服务中心。整合产业链，增强产业系统协同力。要发挥龙头项目引领集聚作用，强化中小企业协同配套功能，加快打造特色产业集群。完善创新链，强化产业发展驱动力。增强企业自主创新能力，深入实施科技创新"523"计划，推进产学研合作，加快公共服务平台建设。

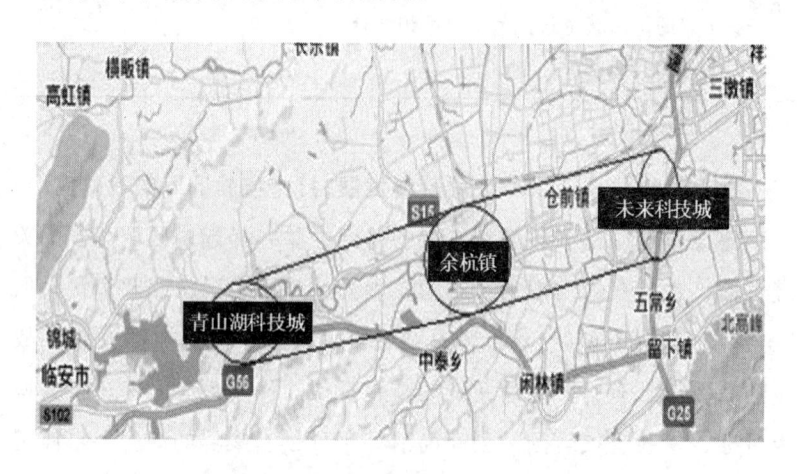

图4—5 科技城合作的发展规划

（三）统一建设，强化支撑

举全省之力打造杭州科技新城，在省域范围内进行创新资源的优化配置与空间集聚。首先，要在科技新城中集聚国内外一流的科研机构、企业研究院、高校研究生院、重点产业研究院、知名风险投资机构等高水平创新资源。其次，省市区要通力合作形成完善的政策支持体系和创新服务平台。最后，要加大投入力度，为科技创新大平台建设提供有力的资金保障。健全"养分"供给机制,构建产业持续发展支撑力。全面加强人才、资金、用地保障。优化发展环境,提升产业生态承载力。要强化政策引导,提升政府服务,完善基础配套,积极发展社会组织。

三 促进高新区的功能升级,打造创新驱动发展的核心载体

高新区能够有效塑造区域创新优势,对于增强区域创新能力具有显著作用。其内在优势主要来源于群集所带来的知识溢出效应、创新资源的可得性、追赶效应、拉拨效应、吸聚作用以及植根性等方面[①]。高新区的竞争优势建立在具有独特区域优势的产业集群之上,而高新区的跨越式发展则依靠创新集群。浙江要在以下方面进行积极的探索与试验。

(一) 高端定位

发挥杭州在全省创新驱动发展中的先导示范作用,以杭州高新开发区(滨江)为核心,整合相关科技园区,争创国家自主创新示范区。杭州、宁波、绍兴、温州等国家级高新区以创建全国一流的国家级创新型高新开发区为目标,强化创新要素集聚、创新链服务、创新集群培育等功能,成为中心城市创新驱动发展的主平台,促进国家级创新型城市的培育。

(二) 空间拓展

借鉴兄弟省市经验,通过扩区、托管、共建等多种方式扩大高新区管辖范围,将周边乡镇、街道纳入高新区管理,发展主要高新区"一区多园"的模式,把高新区业已形成的产业、招商、品牌、管理等方面优势辐射到更大空间。提升高新区发展的总体规模水平,扩大高新区发展数量,提高高新区的发展质量。整合提升省级高新技术产业园区和特色产业基地,推动有条件的高新区创建国家

---

① 刘友金、黄鲁成:《产业群集的区域创新优势与我国高新区的发展》,载《中国工业经济》2001 年第 2 期。

高新区。推进省级产业集聚区创建高新园区，不断拓展高新产业的发展空间。促进高新区的经济规模、高新技术产值规模在我省经济发展、产业总体规模中的比重显著提升。

（三）集群发展

促进高新区与战略性新兴产业集群发展的有机结合。明确高新区在战略性新兴产业发展中的核心载体地位，科学制定重点战略性新兴产业发展规划，产业布局合理、主攻方向明确、区域差异化发展，形成重点战略新兴产业集群发展的支撑性平台。加大招商引资、招才引智力度，积极引进重大创新项目和新兴产业项目，有效集聚科技、人才等创新资源，力争在改革重点领域先行先试并取得突破。创业基地、专门的人才集聚基地布局，努力实现高新区的集群发展。围绕高新技术产业或战略性新兴产业的重点领域，加大投入力度，系统化地引进创新资源要素，构建完成的产业链和创新链。要实现园区发展新的突破，就要推动高新技术产业规模化、加快创新集群化。（如图4—6示）以此为目标，杭州、宁波、温州等国家级高新区应加快打造网络信息、新材料和激光与光电等千亿级高技术产业集群。

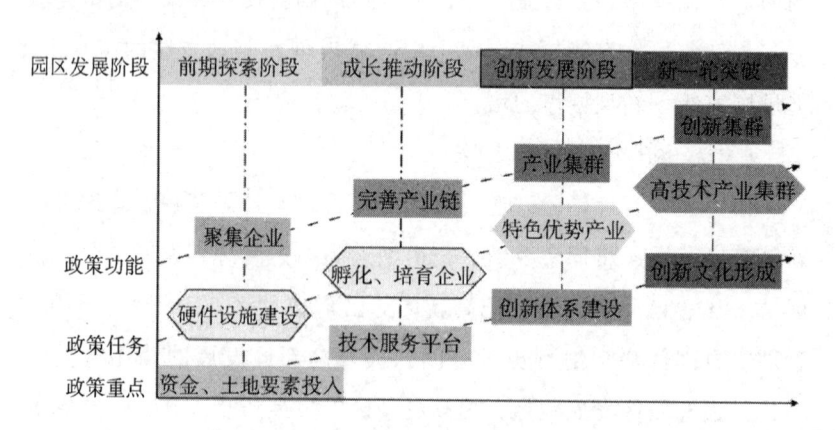

图4—6 国家高新区推动政策演变[①]

---

① 王方：《我国高新区政策变迁历程及发展趋势研究——基于中国1984—2011年高新区政策的考察》，载《科技进步与对策》2013年第12期。

四 加强区域性工业园区的集聚整合,强化产业创新平台

通常,工业园区是大量企业在一定区域的聚集。但是,企业在地理位置上的扎堆和公共产品的共享并不必然产生聚集效应。[①] 如果园区之间缺少产业关联性,不能形成良好的跨园区分工与协作,就会导致各个工业园区都是封闭的大而全的生产系统,生产和交易成本很高,产品市场竞争优势不强。工业园区是浙江加快制造业基地建设的重要载体。现有的100多个省级开发区需要整合提升,按照大项目、大平台的要求,着力于整合提升资源、优化配置。

(一) 高起点编制园区发展规划

根据国家经济技术开发区以及其他园区发展的新需要,按照突出主导产业定位与发展目标,优化园区功能布局,强化园区创新孵化、招商引资、"两化融合"等功能服务平台等要求编制高新园区发展规划,与土地利用、城市发展、环境保护等规划有机衔接,为建设高标准、高水平的高新园区创造条件。

(二) 产业集聚

搭建区域性创新平台,集中整合现有的工业园区,建立一个区域经济发展的规模化新区,发挥集聚效应,以培育高新园区、现代产业集聚区为导向,吸纳整合当地的优质企业。因地制宜选择合适的工业园区发展模式。在产业链上寻求优势环节,发展特色工业园区。有效推进创新平台提升开发建设水平,坚持"亩产论英雄",严格产业和项目准入,高效开发利用空间,走集聚集约发展道路。同时,加快"腾笼换鸟",进一步淘汰落后产能和污染企业,盘活存量土地,加快发展高端产业。

(三) 结构优化

引进国内外一流企业及研发机构,培育行业龙头骨干企业,发

[①] 曹休宁:《基于产业集群的工业园区发展研究》,载《经济地理》2004年第4期。

展与高新区配套的产业,使其在产业层次和产业链分工上有较好的互补性。技术创新能力增强、技术外溢效应加大、形成完整的创新链和产业链。通过政府建立开发园区,以税收、土地等优惠政策,吸引高新技术企业特别是著名的跨国公司入驻园区,从而形成企业空间集聚。扎实推进创新平台高水平开发建设。加快推进高新园区和产业集聚区融合发展,进一步突出科技创新特色,培育新兴产业优势,努力建成高端人才集聚区、科技创新先行区和高新技术产业示范区。联动推进科技创新基地与新兴产业基地、研发基地与总部基地建设,加强创新链与产业链的对接和协同。

（四）服务共享

建立具有一定创新能力的工业园区,需要政府、企业、社会中介等多种力量形成合力,政府作用尤为重要,其角色应该是着力改进影响企业竞争力的政策环境。要形成鼓励创新的细分服务机构,提供创新优惠政策,在发展的基础上提升面向园区内企业创新行为的服务质量,提高工业园区的创新服务效率。围绕产业发展特点和强化创新功能,搭建产业技术服务中心、科技金融机构、工业设计中心等公共服务平台,形成自然资源共享、循环利用的基础设施平台。

五 加快管理体制创新,完善政策保障体系

抓住全球战略性新兴产业发展的战略机遇,举全省之力打造高水平科技创新平台,形成我省科技创新平台梯队,构建具有国内外高端要素集聚、培育（新兴产业和企业培育）、形成若干国内外有影响力的创新产业集群、带动全省产业优化升级等四大功能的完整区域创新体系。

（一）加强管理机制创新

战略体制机制应该有利于科技创新平台的搭建。根据各类梯队平台规模发展、功能提升的要求,进行相应的园区整合,提高管理层级,加强统一管理,进行体制机制调整,破解在科技创新平台打

造过程中，出现的征地、规划、项目审批和劳动人事等方面的行政协调壁垒。

(二) 科学规划

根据创新平台培育与调整的新要求，重新进行相关园区的规划。发挥优势，增强内源创新发展的可持续性；坚持创新产业集群发展与优化创新环境并重，强化区域合作互动，创新发展模式。为了支撑这样的平台打造和功能整合，对相关城市与区域的创新平台的空间规划、功能定位、政策保障进行统筹规划。科技创新是当今区域竞争力的核心和关键，这在很大程度上决定了区域创新能力的制高点[①]。通过体制机制创新增强科技创新体系的活力，在完善科技企业社会服务体系等方面寻求新的突破。

(三) 加大投入力度

根据创新平台培育与功能区划调整的新要求，加强相关建设的科学规划。加大投入力度，完善政策保障，全力打造全省创新平台梯队，加强创新资源的优化配置与空间集聚。省市区通力合作形成完善的政策支持体系和创新服务平台，为创新平台建设提供有力保障。举全省之力打造全省创新平台梯队体系，根据不同平台对创新链和产业链的要求，加强创新资源的优化配置与空间集聚。省市区要通力合作形成完善的政策支持体系和创新服务平台，为科技创新大平台建设提供有力的资金保障。

---

① 李具恒：《西安高新区自主创新的逻辑》，载《城市发展研究》2008年第3期。

第五章 创新体系:分类建设与分层优化

产业技术创新在创新活动的成果化、产品化、商业化、产业化以及规模化应用和推广等方面具有举足轻重的作用,对系统提升产业创新能力和效益水平、推进城市创新转型发展具有重要的现实意义。加快构建产业技术创新体系是浙江省实现创新转型的重大战略。一方面,加快构筑产业技术创新体系,可以极大地推进知识发明、资金、劳动等创新要素的系统整合,加快推进知识等创新要素向生产力的转化,提升创新对产业发展的贡献度,是浙江省经济转型升级的迫切要求。另一方面,随着全球新一轮技术革命的产生,加快构筑产业技术创新体系是浙江省参与国际技术竞争、抢占新兴产业制高点、提升制造业能级的内在要求和必然选择。

第一节 创新体系与产业竞争力

产业创新过程是非常复杂的商业过程和组织过程,是多方参与者之间一系列复杂的、综合的相互联系和相互作用的过程,产业创新体系在其中是促进创新要素向企业集聚,推动产业内新技术或新知识的产生、流动、更新和转化,达到增强企业创新能力,实现产业升级和提升竞争力的重要一环。

一 产业创新体系:国家与区域创新理论演进

自熊彼特1912年提出"创新理论"以来,关于创新的研究呈现了一个从"线性模式"到"非线性模式"的演进过程。经历技术推动阶段、需求拉动阶段、技术与市场交互作用及链环回路模式四个阶段后，至20世纪80年代开始，学者开始意识到"创新"作为经济和社会发展最为根本的内生推动力，是一个系统化、动态的、交互式的非线性的经济和社会行为。大量研究逐步从系统的视角来分析和解释影响创新的各种因素，以及不同国家或地区、部门或产业的创新为什么存在差异，国家以及区域创新体系理论即是其中典型的研究成果。

（一）国家和区域创新体系的理论发展

20世纪80年代"国家创新体系"概念被提出以来，有关国家创新的研究迅速扩展到世界各地。作为其研究的深化，区域创新体系随后也被提出来，引起了学术研究者和政策制定者的极大关注。

1. 国家和区域创新体系理论概述

总体而言，国家创新体系被视为国家创新能力形成的组织载体，是对国家创新能力构成及要素间作用关系的理论阐述。英国经济学家Freeman在解释日本经济飞速发展的重要原因时，首次明确提出了国家创新体系的基本概念和构成，并将国家创新体系定义为"一种公共和私营部门的机构的网状结构，这些公共和私营部门的行为及其相互作用创造、引入、改进和扩散新技术"[1]。在弗里曼看来，如果没有必要的基础设施和网络以支持其创新活动，技术对于经济的推动不可能成为现实。同样，纳尔逊以及帕维特等人的研究也强调国家因素、制度因素的重要性，其中Nelson（1993）指出国家创新体系是一种将制度安排与一国的技术经济实绩相联系的分析框架[2]。Patel和Pavitti（1994）指出国家创新体系是构成一个国家科技发展的方向、速度和技术竞争力的一种激励结构和国

---

[1] C. Freeman: Technology policy and economic performance: Lessons from Japan, London, Pinter Press, 1987.

[2] Richard R. Nelson: National Innovation Systems: A Comparative Analysis, Oxford University Press, 1993.

家制度①。区别于这些研究,Lundvall(1992)则强调国家创新系统的构成要素之间的互动与反馈,将国家创新体系视为由其创新要素及要素间相互作用构成的系统,各种要素在生产、扩散和使用新知识的过程中相互促进、相互制约,而这一过程中,最重要的是知识以及对新知识的学习②。尽管研究视角不同,但关于国家创新体系,不同学者在最重要的两点上能够达成共识:第一,重要的是相互作用的网络或系统;第二,国家创新体系的目标是通过制度安排促进资源在各主体间的合理分布③。

区域创新理论着重探讨区域创新体系相应的结构、功能、要素和运行机制等问题。随着美国的硅谷、德国的巴登—符腾堡等区域的兴起,区域创新能力越来越被重视。正是在这种背景下,有些学者开始在区域层次上展开对创新体系的研究。区域创新体系的概念最早是由英国学者库克于1992年提出的,他在《区域创新体系:在全球化世界中的治理作用》(1996)一书中指出区域创新体系主要是由在地理上相互分工与关联的生产企业、研究机构和高等教育机构等构成的区域性组织体系,且这种体系支持并产生创新。区域创新体系强调区域尺度范围及其独特的、本地化的资源在激发企业和区域创新能力和竞争力方面的重要性。Asheim 和 Isaksen(1997)认为,区域创新体系包括技术——经济结构(生产结构)和政治——制度结构(制度基础)④。Kuhimann(2004)指出区域创新体系由区域政治系统、区域教育和研究系统、区域产业系统以

---

① P. Patel and K. Pavitti: The Nature and Economic Importance of National Innovation System, OECD, STI, 1994, No. 14.

② Lundvall, B. National Systems of Innovation: Towards a Theory of Innovation and Interactive Learning. Pinter, London, 1992.

③ 王海燕、张钢:《国家创新系统理论研究的回顾与展望》,载《经济学动态》2000年第11期。

④ Asheim, B. T. and A. Isaksen: Localisation, Agglomeration and Innovation: Towards regional Innovation Systems in Norway, European Planning Studies, 1997, 5 (3): 299—330.

及区域创新环境构成①。

2. 国家和区域创新体系的内在关联

总体而言，国家创新体系和区域创新体系既有差异，又有联系，相互联结形成一个有机的创新体系。无论国家创新体系还是区域创新体系，其系统构成的基本要素都是相同的，都是由政府、企业、科研机构、大学、中介服务组织等组成，都强调制度、机制是决定创新能力、活力的决定性要素。其中，区域创新体系是国家创新体系的重要组成部分，是建设国家创新体系的基础和重要支撑；而国家创新体系是国家内所有区域创新体系共同特征的抽象化，由部门和区域创新体系组成（Chung，2002）②，是形成各区域创新体系的基础和相互联结的纽带。关于国家和区域创新体系的内在差异性，杨忠泰（2008）指出，从功能上来看，国家创新体系对应的是总体战略功能，偏重于基础研究、战略高技术、前瞻性技术和共性技术研究，因而必须建立知识创新、技术创新、扩散、产业化的完整体系，绝不能建立在少数几个产业的聚集上。而区域创新体系目标相对具体，主要是致力于寻求技术源并使之与本地经济有机结合，使科技与知识更好地服务于区域经济社会发展。由此，也决定了国家创新体系规模宏大，创新网络相对松散，而区域创新体系更容易形成相对紧密的创新网络③。

（二）产业创新体系的提出

产业创新体系源于产业经济理论与技术创新理论的结合，是以C. Freeman 为代表的国家创新体系理论和以 P. Cooke 为代表的区域创新理论在产业领域的延伸。鉴于不同产业在创新以及创新扩散上

---

① Stefan Kuhimann：European/German efforts and policy evaluation in regional innovation [J]．Tokyo：NISTEP，2004：25.

② Chung, S：Building a national innovation system through regional innovation systems. Technovation，2002（22）：485—491.

③ 杨忠泰：《基于国家创新体系区域化的区域创新体系建设》，载《科学学与科学技术管理》2008 年第 9 期。

存在较大差异性,以意大利学者 Malerba 为代表的部门创新体系研究学派,在国家创新体系和技术体系研究的基础上,结合演化论和学习理论,提出了产业创新体系的概念;认为"产业创新体系可被定义为开发、制造产业产品和产生、利用产业技术的公司活动的系统集合"。

产业创新体系的概念在一定程度上避免了国家和区域创新体系的行政区域边界与经济区域边界不一致的状况,考察了专业化基础上的产业部门在创新过程中的技术转移和供需联系。Breschi 和 Malerba（1997）分析了传统产业、机械、汽车、计算机主机和软件行业等不同产业创新体系的技术体制以及创新模式、创新者地理分布和创新过程的知识边界,认为产业创新体系能够更好地理解产业部门的边界,参与者和他们的交互作用,学习、创新和生产过程,产业变动以及企业、国家在不同产业中的表现[①]。柳御林（2000）指出,技术创新具有不同的系统层次,在产业层次则是产业创新系统,在区域层次则是区域创新系统,在国家层次则是国家创新系统。不同的产业具有不同特点的技术系统,也就有不同特点的创新模式,从而也就决定了相应的产业具有不同类型的创新系统。[②] 陈劲（2000）认为,国家创新系统是由许多产业创新系统构成的,可将国家创新系统的概念应用到产业中,通过推动主要创新源之间的协作和信息流动,加强产业的竞争能力[③]。李春艳、刘力臻（2007）指出产业创新体系包含技术创新体系、产品创新体系和企业创新体系,无论是国家创新系统还是区域创新系统,都必须

---

① Breschi S. Malerba F. : Sectoral systems of innovation: technological regimes, Schumpeterian dynamics and spatial boundaries in Edquist C. (ed), Systems of innovation, F Pinter, London, 1997.

② 柳御林:《21世纪的中国技术创新系统》,北京大学出版社 2000 年版。

③ 陈劲:《完善面向可持续发展的国家创新系统》,载《中国科技论坛》2000 年第 2 期。

考虑产业创新，它是各个层次创新系统的关键动因。[1] 苟仲文等（2006）指出区域创新体系，以"块"为特征，在这方面已有不少研究；而产业创新体系，以"条"为布局，目前关于此方面的研究则相对缺乏[2]。

二 产业创新体系：主体、要素与功能模块

产业创新体系通过产业中的各个行为主体、创新要素和功能模块的有效整合，形成一个有机联系的创新系统，以实现产业的不断创新发展。

（一）产业创新体系的构成主体

从构成主体上来看，产业创新体系类似于国家创新体系，企业是第一主体，在把研究成果变成商品的过程中，优秀企业家领导的企业能够有效调动资源（包括技术、资金、人力等），加快创新的商业化进程。此外，高校、科研机构、中介服务机构、金融机构、用户和供应商、政府也被纳入体系之中，其中高校和科研机构提供知识资源、技术资源，政府为促进产业创新提供必要的科技基础设施建设，中介服务机构提供技术市场、咨询和创业中心等服务，这些都是实现产业创新所必不可少的资源要素。概括起来说，产业创新体系包括了以下核心成员：

①企业，是产业创新的主体，从产业价值链的角度看，供应商、生产商、用户（机构）等都应该被纳入广义的企业范畴；

②研究机构（包括国立研究院所、非营利研究机构、私营研究机构等），主要从事知识生产活动，是企业创新活动的一个非常重要的知识源；

③大学，包括科研型大学和教学型大学，既是企业创新重要技

---

[1] 李春艳、刘力臻：《产业创新系统生成机理与结构模型》，载《科学学与科学技术管理》2007年第1期。

[2] 苟仲文、李仕明、曾勇：《电子信息产业创新体系研究——基于产业创新视角的分析》，载《管理学报》2006年第6期。

术的来源，又是创新人才的来源；

④政府机构，制定有关政策，提高创新系统效率，促进知识的生产、传播和利用，为创新活动的开展创造良好的环境；

⑤金融和相关的中介机构，主要为创新活动的开展提供资金和各种相关技术、商业服务的机构。

上述五个方面的产业创新成员共同构成产业创新体系（见图5—1），产业创新的具体过程即在此架构上展开。

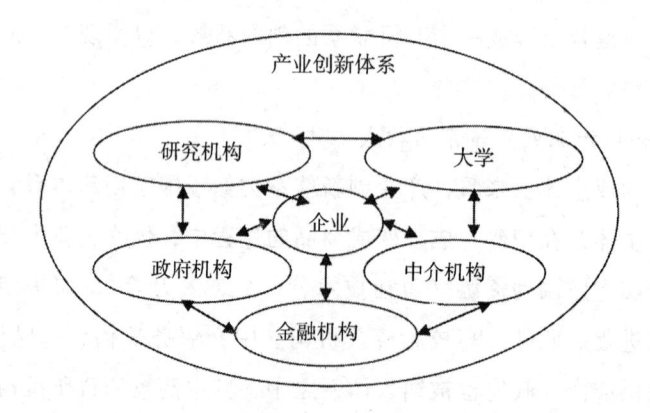

图5—1 产业创新体系的构成主体

（二）产业创新体系的关键要素

除了各类主体外，产业创新体系还包含其他关键要素，即网络、需求、制度、知识基础、系统运行过程与协同演进（Malerba, 2006，2009）。

①行动者：产业系统由异质的参与者构成，产业中丰富、多学科和多来源的知识接触以及快速技术变化都表明，绝大多数产业中的行为者存在较大差异。

②网络，指行动者之间相互作用的类型和结构，包括正式的和非正式的网络。网络的类型和结构在不同的产业创新体系中有所不同，这是知识基础、相关的学习过程、基本技术、需求特征、关键的联系和动态的互补性等相互作用的结果。

③知识和基础技术，知识是创新活动的基础，不同产业有不同

的知识领域，知识的可获取性、机会和积累性在不同产业中存在较大差异。

④需求，由单个消费者、企业、公共机构构成，产业需求并不是由相同购买者或者无差异消费者构成的集合，而是由那些以各种不同方式与厂商进行交互作用的异质性行为者构成。需求经常成为重新定义产业系统边界和推动创新的主要因素。

⑤制度，包括规范、惯例、规则、法律、标准等，约束机构的认知与行动，影响机构间的相互作用。某些制度专门针对某一特定产业，某些制度则是国家层面，在绝大多数产业中，制度与产业体系间的关系非常紧密，且制度对不同产业的影响差异是巨大的。

⑥系统运行过程与协同演进，在产业系统动态发展和变革的基础上，存在着演化过程的相互作用，这些演化在不同产业间存在较大差异。

（三）产业创新体系功能模块

遵循技术创新和产业化的内在逻辑，产业创新体系包含三大功能模块，其中技术研发体系旨在为整个产业创新体系提供技术来源，技术产业化体系旨在促进创新成果的有效转化，而产业创新政策体系则为技术研发和产业化体系提供制度保障。

1. 技术研发体系

一个产业的健康发展需要建立在技术优势的基础上，根据技术对产业创新的作用进行划分，技术主要应分为共性技术、关键技术。共性技术是指在很多领域内已经或未来可能被广泛采用，其研发成果可共享并对一个产业或多个产业及企业产生深刻影响的一类技术。关键技术则是与特定产业紧密联系的一个概念，通常而言，关键技术是对产业发展有重大约束作用的瓶颈技术，根据美国国家关键技术委员会1991年的定义，关键技术是指"对国家安全和经济繁荣至关重要的技术"。

2. 技术产业化体系

技术产业化体系是在产业企业承担各自主体任务的前提下，通过组建产业联盟,以产业技术研发体系形成的有效技术供给为基础,面向产业有效需求提供有效产品供给的关系架构,主要由生产供应商、消费配套商、供应商构成,并形成以产业联盟为主要形式的价值链协作关系。其功能在于缩短产业化准备期,更好地获取产品开发和商业化进程需要的互补资源,形成合作主体在领域内的竞争优势。

3. 产业创新政策体系

该模块的功能主要在于通过政策和制度建设引导或创造产业创新需求,规范并保障产业创新供给,提供并优化产业创新环境,加强和实现产业创新效果。现实中政策繁多,归纳起来,可分为:(1)供给政策,指政府直接投入技术供给的政策,包括公共事业、科学与技术开发、教育与培训、信息服务等;(2)需求政策,指以市场为着眼点,政府提供对技术的需求,进而影响科技发展的政策,包括政府采购、公共服务、贸易管制、海外机构;(3)环境政策,指间接影响科技发展环境的各项规范经济体系的法令、制度和政策策略,包括财务金融、租税优惠、法规及管制、政策性策略[①]。

图 5—2　产业创新体系的功能模块

第二节　浙江省产业创新体系建设举措与问题分析

"十二五"时期是浙江省全面建设惠及全省人民小康社会的攻坚时期,也是深化改革、加快转变经济发展方式的关键时期。然而

[①] 张治河、胡树华、金鑫、谢忠泉:《产业创新系统模型的构建与分析》,载《科研管理》2006 年第 2 期。

近年来，随着原材料、劳动力成本上涨，人民币升值，特别是2008年发生全球性金融危机，外部需求减弱，浙江产业的经营面临巨大考验，归根到底，主要是自主创新能力不足，受关键重大技术制约，产业"大而不强"的问题十分突出，同时，省内中小企业占绝大多数，这一特点决定了企业技术创新动力不足。因此，如何建立和完善适应浙江省经济发展要求和科学技术发展规律的产业创新体系成为重中之重。

一 浙江省产业创新体系的建设意义

总体而言，浙江省科技创新能力还处于较低水平，高新技术产业总量比较小，科技投入水平、科研物质条件、科技人才总量等指标在全国仅处于中上游，科技滞后于经济发展的格局还没有根本改变。这里有历史原因，造成省内大院大所相对较少，科技进步的基础条件比较薄弱；也有产业结构原因，轻纺等传统产业比重大，中小企业比重高，缺乏具有自主创新能力和核心竞争力的大企业、大集团，带来企业研发机构小、科技人才缺乏、研发能力弱等问题，此外，对外开放水平不够高，利用外资发展高新技术产业进展不快。

为此，围绕重点产业开展创新体系建设的意义主要在于以下三个方面：一是要积极引导企业创新能力建设。重点引导工业企业加大技术创新，成为技术创新的主体，发挥好骨干龙头企业的引领带动作用，鼓励加强企业技术中心等企业内部研发机构建设。二是要着力解决制约重点产业发展的技术瓶颈问题。提高关键核心技术研发攻关的协同和集成能力，对具有战略方向性关键共性技术，集中资金和研究力量实施重点突破，为工业转型升级建立推进平台。三是要大力推进科技成果转化。支持和促进重大技术成果工程化、产业化，加快提升制造业领域知识、技术扩散和规模化生产的能力，使企业成为技术成果转化为现实生产力的主体。

二 浙江省产业创新体系建设的主要举措

以促进产业升级、产品结构调整和工业经济增长方式转变为目标，以新产品、新技术开发并实现产业化为主要内容，近年来浙江省在区域产业创新体系建设方面积极采取了一系列举措。

（一）新兴产业技术创新综合试点

为构建以企业为主体、市场为导向、产学研相结合的技术创新体系，自2012年开始，浙江省以重点企业研究院建设、重大专项技术攻关和青年科学家培养为抓手，"三位一体"打造新兴产业技术创新综合试点。

1. 省级重点企业研究院建设。在全省选择较好研发基础、较强创新能力的龙头骨干企业和高新技术企业建设一批省级重点企业研究院，并从省战略性新兴产业专项资金中，给每家重点企业研究院安排500万元或1000万元补助资金，地方安排配套经费。省级有关部门成立试点工作协调小组和指导工作组，协调落实企业研究院规划建设等相关政策和重大问题，及时解决产业技术创新综合试点中遇到的困难。目前，已围绕纯电动汽车、现代医药、船舶装备、智能纺织印染装备、氟硅新材料、光伏发电装备、"智慧城市"大型专用软件、现代物流装备、现代农业装备等新兴特色产业领域建设省级重点企业研究院74家，安排省级专项补助资金5.1亿元。

2. 重大项目技术联合攻关。重点企业研究院重大专项由重点企业研究院主持，编制技术路线图，提出需要攻关的技术难题，省市县联合支持，实施技术联合攻关，引导企业着力突破一批关键技术、瓶颈技术。省里每年安排技术攻关项目每家重点企业研究院不少于1项，对每个技术攻关课题每年给予不低于100万元或150万元经费，市、县（市、区）安排专项配套资金，连续支持三年。实行评价体制改革，重点企业研究院的攻关项目不需评审论证，三年后不出成果不再支持，旨在建立起企业按市场产业需求出题，向资助的各级政府交题，政府负责动态评价、滚动支持的运行管理机制，推动企业真正成为创新决策、研发投入、科研组织和成果应用的主体。

3. 青年科学家培养计划。将高层次人才和领军人才作为产业技术创新综合试点工作的战略性资源，按个人自愿、双向选择原则，鼓励高校、科研院所的青年科技人才到重点企业研究院工作，并优先列入省或国家有关人才培养计划，任职时间不少于三年。根据企业需要，把专业对口的国外工程师、博士生等高层次人才引进到相关高校、科研院所，选派到重点企业研究院工作。依托大专院校和科研机构，加强产业国际化人才和实用人才培养，为重点企业研究院输送人才。

表 5—1　　我省部分产业省级重点企业研究院试点单位

代表产业	省级重点企业研究院试点单位
氟硅新材料	巨化集团、中天氟硅、中宁硅业、凯圣氟化学、歌瑞新材料、海蓝化工、开化合成材料、富士特集团
船舶装备	中高重工、华鹰集团、扬帆集团、欧华造船、正和造船、浙江造船、中策动力、欣海船舶设计研究院
现代医药	华东医药、海正药业、华海药业、浙江医药股份、康恩贝集团、浙江贝达药业、浙江星月生物科技和杭州易文赛生物
智能纺织印染装备	杭州宏华、浙江万利、浙江恒强、宁波慈星、绍兴瑞群、浙江越剑、绍兴纺机集团、浙江泰坦、浙江日发、浙江康立、浙江远信
"智慧城市"大型专用软件	海康集团、快威科技、中控集团、阿里云、航天长峰（浙江）、浙江鸿程、华为智慧健康研究院、中兴通讯智慧交通研究中心
纯电动汽车	万向集团、青年汽车、众泰集团、大东南集团、超威集团

(二) 重点产业技术联盟

为带动产业链上大中小企业协同发展，着力提升产业协同创新能力，我省积极推进重点产业技术创新联盟的建设，从2010年启动创建以来，累计已建设31家，成员单位近500家，研发经费逾12.6亿元，组织实施了100余项科技项目。

1. 发挥行业领袖的积极作用。重点产业技术联盟的核心成员以行业骨干企业为主导，同时，广泛吸收满足条件的相关企业、研究院所、高校，推动各种主体在产业链上的合作与分工。以"浙江省船舶制造产业技术创新战略联盟"为例，该联盟内共有17家成员单位，其中企业11家，高校3家，研究机构3家，其中联盟的两家龙头骨干企业扬帆集团股份有限公司和金海重工股份有限公司产值占浙江省船舶工业总产值的20%左右。同样"浙江省中药现代化产业技术创新战略联盟"中的4家制药企业总产值占全省中药工业产值的2/3，饮片企业为省内规模最大。在这些联盟的组建中，充分发挥了骨干企业对其产业发展的引领作用。

2. 完善组织架构和运行机制。为保障联盟顺利运行，积极指导联盟内部建立信用机制和合作创新机制。通过设立理事会、专家委员会和秘书处完善联盟组织机构并建立常规沟通合作机制，以系统运行管理办法和相关文件的制定完善管理制度。着重加强联盟的项目管理和经费管理，推动初期以政府主导投入为主、联盟体成员单位投入为辅的模式，逐步过渡为联盟体自我造血为主、政府补贴为辅，实现社会赞助、相关企业以项目投入为补充的多元化持续投入机制。

3. 围绕产业技术链开展集成创新。联盟围绕产业技术创新链开展集成创新，突破产业发展的核心关键环节，推动了产业技术进步。如"聚四氟乙烯中空纤维膜联盟"，开发出"聚四氟乙烯中空纤维膜生产及应用技术"，为海水淡化、印染、造纸、皮革、电镀等废水的治理提供了可行技术和方案，填补了国内市场的空白。中控集团为依托单位的"太阳能聚光热发电技术创新战略联盟",通过技术攻关,建立了太阳能聚光热发电技术创新平台。在此基础上,还完成了国产化太阳能聚光热发电高端装备的开发及研制,成功填补了国内市场的空白。

专栏 5—1　浙江省 3D 打印技术产业联盟:研发工作组和应用服务工作组并行

2013 年 10 月,"浙江 3D 打印技术产业联盟"成立,在联盟架构中,同步设立研发工作组和应用服务工作组,其中研发工作组以浙江大学领衔,计划至 2015 年,基本建成 3D 打印技术创新体系和产业链,并在工业级 3D 打印机产业化开发和 3D 打印专属新材料研发方面有所突破。应用服务工作组则以在工业制造、医疗、文化创意等不同领域提供 3D 打印服务综合解决方案的公司等组成,到 2015 年年底,建立基本覆盖浙江省所有市县区的 3D 打印应用服务体系。

(三) 科技创新服务平台

按照"整合、共享、服务、创新"的思路,浙江省自 2004 年开始开展科技创新服务平台的试点工作,2006 年正式启动建设,已建成 80 个创新平台,累计承担国家级科研项目 1500 余项,获资助经费 17.1 亿元。承担省部级项目 3000 余项,获资助经费 12.8 亿元。牵头组织或参与制定国家和行业标准 1100 余项,获授权专利 1900 余项。

1. 着力打造三类创新平台。在已建成的 80 个科技创新服务平台中,包含公共科技基础条件平台 7 个,行业科技创新平台 32 个,区域科技创新平台 41 个。公共科技基础条件平台,旨在为科技创新活动提供基础条件保障体系。行业创新平台为省行业领域科技创新提供公共科技服务和创新载体,开展从科研到产业化一系列科技创新活动。区域科技创新平台加快技术转移速度,增强产学研协同攻关能力，促进科技成果的推广应用，提高区域创新能力。

2. 实体和虚拟组织并行运作。科技创新平台以实体组织和虚拟组织两种形式存在运作，其中"实体组织"运行的主要有三种模式：一是民政部门登记的民办非企业法人单位，如现代纺织技术及装备创新服务平台成立了浙江省现代纺织工业研究院，其中轻纺科技中心占50%的股份，浙江理工大学占30%的股份，浙江大学占20%的股份。二是由工商部门注册的企业法人单位，以浙江大学牵头的汽车及零部件产业科技创新服务平台，组建了一家注册资本500万元、由个人出资的股份制公司。三是由人事部门批准的事业单位，如海洋科技创新服务平台建立了浙江省海洋开发研究院。相对于实体组织，虚拟组织不具有法人资格，更多是一种开放的组织结构，如由浙江工业大学、省医科院、浙江中医药大学、浙江大学和省食品药品检验所共同建设的"新药创制科技服务平台"。

3. 多方位服务行业和企业。目前，加入浙江省科技创新平台服务层的企业已达3.9万多家，截至2012年年底，与企业合作或为企业解决的技术难题8000余项，获横向科研经费合计16.2亿元。累计提供检测服务约193万次，服务收入约13.3亿元。通过工艺改进、产品开发、成果推广等平台服务产生的经济效益，累计增加产值563亿元，利税71.8亿元。举办和参与组织各类技术咨询、学术交流会议9300余场次，接受咨询148余万人次，为相关领域企业培训职业技能人员26万人次。

专栏5—2　三类重大科技创新平台

1. 公共科技基础条件平台：包含大型仪器设备协作共用、科技文献共建共享、实验动物公共服务、标准信息与质量安全、林木种质资源保育与利用平台等。

2. 行业科技创新平台：包含新药创制、现代纺织技术及装备、软件、环保装备、五金、机械制造、服装、海洋、水稻、茶、竹、木材加工、渔业、畜牧、汽车及零部件、皮革、氟硅化学品、饲料、桑蚕茧、工业自动化、环保、特种设备与能源环保计量、塑料加工、科学仪器设备、视光产业技术创新服务平台等。

3. 区域科技创新平台：包含湖州蚕桑、上虞绿色精细化工、新昌轴承与专用装备、温州泵阀、嘉兴毛衫、温州低压电器、温岭泵与电机、台州缝制设备、台州农业机械、诸暨珍珠产业、嵊州领带产业、海盐标准件、嘉兴经编、衢州氟硅新材料、南得木地板、宁波汽车电子、宁波新型金属材料、慈溪家电、长兴绿色动力能源、嘉善电声产业、丽水食用菌、温州服装、缙云带锯床和特色机械装备、平湖光机电技术创新服务平台等。

(四) 科技企业孵化器

科技企业孵化器（高新技术创业服务中心、大学科技园、留学生创业园等）是促进科技成果转化、培育高新技术企业和培养创新创业人才的公共科技服务平台，通过政府引导和政策支持，浙江省科技企业孵化器在服务领域、服务功能和服务质量等方面实现了新的跨越。

1. 孵化器规模不断壮大。截至 2012 年年底，全省共有市级以上科技企业孵化器 144 家，其中省级科技企业孵化器 65 家，国家及科技企业孵化器 34 家，国家级大学科技园 5 家，国家级科技企业孵化器数量居全国第 2 位（江苏之后）。根据 144 家市级以上（含市级）孵化器 2012 年年底数据统计，共有孵化场地面积 456 万平方米，在孵企业 7386 家，当年新增 1459 家，孵化场地规模和孵化企业数量进一步壮大，居国内前列。

2. 专业新型孵化器发展加快。浙江省早期成立的孵化器对孵化对象没有详细的行业细分，大部分是综合孵化器。随着创业企业对公共技术平台和专业技术服务的需求日渐迫切，特别是一些县市围绕当地主导产业的发展，建设了相对应的专业孵化器。目前，全省的66家省级孵化器中，有24家是专业孵化器，比重已经超过30%。出现了杭州东部软件园、杭州之江创意园、乐清市科技孵化中心、温州蓝江软件园、嘉兴天通科技园等一批特色明显的专业孵化机构。此外，为顺应全球多元开放创新创业的新趋势，浙江省成功企业家、天使投资人、平台型企业等推动产业资源、创业资本、高端人才等创新要素向孵化器聚集，形成以"创业导师+创业投资+专业孵化"为特色的双加孵化模式。

3. 企业服务成效显著。省科技企业孵化器在孵企业中70%以上集中在电子信息、光机电一体、生物技术、新材料、新能源、节能环保等高新技术领域，将近60%以上的在孵企业拥有各类自主知识产权。根据144家市级以上（含市级）科技企业孵化器数据统计，截至2012年年底，累计产业企业3970家，年度新增543家；累计培育高新技术企业831家，年度新增80家；累计培育各类上市企业9家。此外，2012年，在孵企业实现产值231.3亿元，上缴税金10.3亿元，孵化企业内集聚"国家千人计划"47名，"省千人计划"82名，带动社会就业12.3万人。

专栏5—3　创新型孵化器：睿洋联创工场

　　睿洋联创工场，与李开复的"创新工场"类似，是由海归企业浙江睿洋科技有限公司创办，旨在与战略合作伙伴和创业者一起"联合创业、联合创新"。睿洋联创致力于早期阶段投资并提供全方位创业创新培育，针对早期创业者迫切需要的资金、团队组建、研发管理、商业模式、知识产权和国际合作等提供全面服务，帮助早期阶段创业公司顺利启动和快速成长。

三　浙江省产业创新体系建设存在问题

Isaksen（2001）在区域创新的研究中指出，存在三类低效率的创新体系，一是低组织型体系，体系内实现交互式学习缺乏相应的主体，如类似区域促进中心或支持创新机构的组织；二是分散型体系，即区域内各主体间缺少区域合作和相互信任，由于没有意识到合作的重要性，害怕知识泄漏或缺少合作的传统而彼此很少进行合作；三是封闭型体系，区域内各主体间虽然存在合作，但与区域外主体合作很少，网络开放性不足。这一研究对于产业创新体系的评价同样存在参考性，总体而言，浙江省产业创新体系在建设中仍存在主体乏力、体系分散、合作泛化以及开放性不足等问题。

1. 企业作为产业创新体系主体整体乏力、创新能力不足。研发机构和研发团队是衡量企业创新能力的重要标志，2011年，浙江省企业研发机构数、建有研发机构的企业数及其占比这三项指标都位居全国首位，明显高于兄弟省份，但机构数量与投入总量不匹配，单个研发机构规模偏小，在人、财、物方面的投入均落后于先进省份。2011年，规模以上工业企业研发机构人员为23.71万人，低于江苏、广东、山东，居全国第4位，其中博士和硕士占企业研发机构人员总数的6.68%，仅为全国平均水平的一半，居全国末位；机构研发经费支出449.95亿元，居全国第4位；拥有的仪器和设备原价325.19亿元，居全国第3位。以平均研发人员数、研发经费支出、仪器和设备原价统计，在全国的位次则更靠后，其中规模以上工业企业平均研发人员数居全国29位，平均研发经费支出居全国29位，机构的仪器和设备平均原价居全国30位。浙江企业研发机构建设不平衡，大部分集中在高新技术产业，传统产业中的企业研发机构建设薄弱，如纺织业仅为9.4%，黑色金属冶炼及压延加工业为8.06%，纺织服装、鞋、帽制造业仅为6.1%，在制造业各行业中列最后几位[1]。

2. 产学研和联盟合作重形式、轻内容，缺乏长期性和紧密性。目前产学研合作存在着"四多四少"现象：一是企业单一项目合

---

[1] 叶灵杰、段姗、宁建荣：《浙江企业研发机构发展情况研究与分析》，载《科技金融时报》，2013年3月26日。

作多，在重点产业关键技术、共性技术上攻关的项目合作少；二是为解决生产实际性技术问题而开展的合作较多，为中长期发展而开展的技术储备型合作较少；三是一次性合作解决单个技术问题的合作多，长期合作较少；四是传统产业改造提升项目合作少。在联盟方面，大多数参与主体并未意识到积极投入和参与联盟发展的重要性，同时，某些参与主体其参与的动机可能只是为了通过联盟获得有利于自身发展的技术支持，而并未想过如何对联盟做出自己的贡献，主要原因是受彼此之间的信任问题、体制问题和知识产权归属问题等制约。缺乏资源共享机制，联盟管理机构服务能力弱、独立性差，组织协调成本太高。政府的资金扶持力度弱是目前联盟合作存在的主要问题，联盟内部利益分配关系未得到很好的协调，极大影响了参与主体的积极性。

3. 创新服务体系市场化程度不高，无法对接企业的创新需求。推动我省区域创新体系全方位的对外开放，全省基本形成了以公共机构为主的共性技术研究平台，以生产力中心、孵化器、中小企业创业服务中心为主的技术转移和创业服务机构，以科技咨询与评估机构、技术交易等专业服务为代表的科技中介机构以及地方政府资助的区域性技术创新服务网络，构成了分层次的技术创新服务体系。然而，很多企业认为创新服务机构还不能很好地与企业自主创新需求相适应，主要体现在三个方面：一是大部分创新服务机构是根据各级政府文件精神成立的，官办和半官办色彩较浓。二是服务水平和质量与收费标准不相符，服务的效果也不够理想；对政府的依赖性较强，缺乏创新意识和服务意识。三是各类创新服务机构规模较小、缺乏充足的经费保障，难以吸引高水平的创新人才，产学研的牵线搭桥作用还没有很好发挥，尽管企业对产学研有很高的积极性，但是因为信息不畅等因素，自主创新主要还是局限在企业内部。如何通过创新服务体系打通企业与企业以及产学研之间的合作，是当前我省进一步激活产业创新氛围和提高创新绩效的一项重要工作。

第三节 发达国家和地区产业创新体系政策实践

纵观全球，各国家和地区都把强化科技创新作为重大战略，以产业创新体系为依托，不断优化企业和产业创新体系，从而增强国家和区域创新能力和国际竞争力。

一 "创新网络计划"与美国制造业再造

为复兴制造业，2012年3月美国宣布投资10亿美元成立国家制造业创新网络（National Network of Manufacturing Innovation），在全国范围内建设15个示范性的制造业创新研究所。2012年10月，第一家包含80多家公司、9个研究型大学、6个社区学院以及18个非营利机构的创新研究所——国家增量制造业创新研究所（National Additive Manufacturing Innovation Institute）在俄亥俄州扬斯顿成立，标志着创新网络计划走出了实质性一步，其具体特征如下。

1. 产业化导向，提高创新技术的利用率。美国政府认为从技术创新走向产业化过程中存在断层，而制造业大规模外迁又造成本地产业链的断裂，损坏创新产生的制造基础。为了促进发明创造走向制造的规模化、本土化，创新网络计划根据九级技术成熟表（Technology Readiness Levels），将服务技术对象聚焦在其中的4—7档，分别为"基础部件或原理样机在实验室试验"、"部件或部件级原理样机在相关环境下进行试验，试验逼真度明显提高""系统或子系统在相关环境下进行试验，技术成熟度显著提高"以及"系统样机在近似真实环境下进行验证"等。通过连接大学、研究机构和企业，突破关键制造技术、工艺、材料、设备等，降低商业化成本，特别强调对中小企业科技成果商业化价值评估和推广。

2. 开放度导向，提高企业和公众的参与度。为了切实推进创新技术的产业化，创新网络计划十分注重产业界以及其他公众的积极参与：一是通过研讨会和信息请求等公开方式广泛征求产业和公众对技术选择及创新网络计划的实施建议。2012年4月至10月，分别在纽约、俄亥俄、加利福尼亚以及科罗拉多开展了四次主题为"影响世界的设计"（Designing for Impact）的研讨会。此外还通过美国国家标准及技术研究所发布的信息请求，围绕技术选择、创新研究所管理、可持续经营战略以及劳动力培训等4个方面的21个问题征求公众建议。二是以产业、大学及政府共同出资以"公私合作"方式强化产业需求导向。国家增量制造业创新研究所除获国防部、能源部、商务部、国家科学基金会以及国防航空航天局5个联邦机构3000万美元授权外，还获得产业以及州政府的配套投资3900万。三是出于知识产权、保密性、免税以及及时响应的考虑，创新网络计划倾向于独立的非营利机构而非大学来协调本地以及全国的产业合作伙伴。

3. 可持续导向，提高联邦投资的示范效益。创新网络计划对创新研究所提出了可持续发展的要求，5—7年间，联邦政府对每个创新研究所的投入约为7000万—1.2亿美元，之后创新研究所需要逐步过渡到自负盈亏。一般而言，前2—3年投入较大，主要通过启动经费、基础项目以及设备补助等形式，之后几年鼓励创新研究所积极寻求外部资助，或者通过会员费、服务收费、试制、知识产权使用费，非创新网络计划外联邦补助和奖励以及捐赠等方式实现生存。在初期投入后，联邦投入会根据创新研究所的实际运行情况做调整，并在后3—4年投资中引入竞争性奖励项目，根据研究所的绩效、技术质量以及产业参与度来进行分配，最大可能发挥联邦的投入示范效应。

4. 网络化导向，提高全国创新体系的协同度。15个创新研究所的具体目标存在差异，为了提高效率，创新网络计划将成立网络领导会，辅之以共同性政策，在各个创新研究所之间进行协调和资源整合，并鼓励创新研究所就知识产权保护、绩效管理、业务实践等进行交流。同时，建设全国性的先进制造业门户网站，建立可供检索的制造业资源数据库，作为广大企业能够便捷接入的基础设施。此外，还会创新各主体之间的合作形式，以人才培育为例，大学和社区学院会根据企业需求培养制造人才，并且会让企业直接参与相关技能的培训课程。中小企业还会共享创新研究所中的设备（如 3D 机）、计算机辅助设计和仿真工具等。

二 VLSI 组合与日本集成电路产业的兴起

20 世纪 70 年代，日本集成电路产业发展缓慢，远远落后于美国，为了实现赶超，日本成立了一个大型产业创新联盟——VLSI 技术研究组合（下称 VLSI 组合）。VLSI 组合启动以前，日本半导体生产设备的 80% 左右从美国进口，但通过 VLSI 的成功运作，开发出了半导体加工过程中的关键设备——缩小投影型光刻装置，集成电路产业取得突飞猛进，到 1980 年代中期全部半导体生产设备都实现了国产化，至 1980 年代末半导体生产设备的世界市场占有率超过了 50%。日本半导体行业能够从 1980 年代后期开始称霸世界，不能不在一定程度上归功于 VLSI 组合[①]。

1. 汇集产业力量，成立技术研究组织。VLSI 组合由政府和民间企业共同出资，除美国独资公司日本 IBM 外，该组织几乎囊括了日本境内所有大型半导体生产企业，如日本电气、东芝、日立、富士通、三菱电机等。同时，日本通产省还决定在组合内设立"共同研究所"这一研究基地，由通产省所属的工业技术院电子技术综合研究所和各参加企业负责派遣科研人员。尽管日本早先已成立了很多形形色色的研究组合，但由存在竞争关系的企业各自派遣研究人员组成相对稳定的共同研究尚属首次。

2. 创新组织架构和研究方式。VLSI 组合的最高管理机构是理事会，由各大公司的总裁和通产省的代表组成，理事会主席由理事轮流担任。理事会下设运营企划委员会，其成员由各公司分管半导

---

① 周程：《日本官产学合作的技术创新联盟案例研究》，载《中国软科学》2008 年第 2 期。

体工作的副总裁级人物以及通产省管辖的电子技术综合研究所相关负责人组成。他们每月至少碰头一次，就组合中的重大事项进行商议、拍板。为提高议事效率，运营企划委员会还设立了经营委员会和技术委员会，前者专责行政事务，后者专责技术研发。VLSI组合规定，凡是适于由中立者担任的职务均由通产省出身的人员出任，以避免利益冲突。在研究方式上，VLSI组合强调突破基础性和共性技术，共同研究所集中攻关高精度加工和单晶硅结晶等核心基础技术，而其余非共性技术由企业各自负责解决。

3. 集中保障研究经费和研究人才。VLSI组合从1976年设立起至1980年宣布解散为止的四年里，总事业费约为720亿日元，其中通产省补助291亿日元，其余由参加企业均摊。VLSI组合内负责共性基础技术研究的共同研究所设在NEC中央研究所院内，约100余人，分别承担高精度加工技术、硅结晶技术、工艺处理技术、检测评价技术和装置设计技术等五个方面的研发任务。考虑到高精度加工技术的重要性和公平竞争问题，共同研究所内设置相互独立的三个高精度加工技术研究室，并分别由日立、富士通、东芝负责，日本电气和三菱电机派相关研究人员参与。三菱电机和日本电气负责工艺处理技术研究室和检测评价与装置设计技术研究室，对于最为基础的硅结晶技术，则由电子技术综合研究所负责。

三　工研院与台湾地区中小企业技术创新

20世纪六七十年代，台湾经济发展进入新的阶段，面临着改造工业结构的迫切任务，工研院应运而生。从传统产业到高技术产业，工研院一直扮演着科技龙头和创新引擎的角色。工研院以企业需求为考量进行技术的研发，并以各种方式转移给产业界，带动台湾高科技企业的建立和发展。目前工研院下设6个研究所，8个科技中心，在职员工5783人，其中博士1283人，硕士3169人。拥有专利达16668万件，技术转移衍生的公司有71家，育成服务的企业达到171家。

1. 满足产业需求，领跑前瞻技术。工研院从事的研究既包括前瞻性的中长期研究，也包括面向企业的短期实用性研究，真正做到从产业中来，到产业中去，以产业需求决定技术项目，做产业企业想做但做不了，或者欲做不敢做的事情。"一个研发单位"对应"一个产业类别"，工研院开发了丰富的技术衍生增值业务，通过知识产权的授权与许可、新创企业、企业孵化、生产试验、技术辅导等方式，将研发成果扩散到产业界。此外，在各县市成立了众多中小企业服务中心，除了和企业联合研发、受企业委托解决技术瓶颈外，还开展有中小企业参加的各种技术研讨会，对企业进行策略性辅导、产品性能分性、认证和检验，并为企业提供知识产权保护、人力资源管理和员工培训等多方面的服务。2010 年服务企业 15139 家次，其中中小企业占 74%。

2. 社会化运营，收入结构 1:1。在成立初始，政府给予工研院较高补贴，历经近 40 年的发展，工研院的经费来源逐渐从纯粹依赖政府投入转变为以合约经营为主。1973—1983 年期间，政府的补贴约占工研院经费支出费用的 60%。经过 10 余年的探索和运作，工研院通过向产业界推广科研成果，提供相关服务，实现了在没有政府补贴情况下的收支平衡且略有节余，到 1984 年，政府停止了补贴。之后，特别是 1990 年代以来，工研院强化产业服务，以 1:1 为量化指标，即承接公共部门（含政府相关机构）项目的经费与面向产业服务的企业委托项目经费比例持平。1:1 指标是全院的综合指标，不同的所、中心之间会有差异。2010 年，工研院业务收入 193.38 亿新台币，其中政府相关部门委托 96.33 亿，技术服务收入 80.24 亿，计划衍生（育成企业）收入 16.81 亿，业务外收入及捐赠收入共 2 亿。

3. 开放性系统，鼓励技术人才转移。工研院与产业界、学界建立了广泛的联系，包含研究课题的合作研发，产研合作的开放实验室，与大学、国际的联合研发，面向产业的全方位服务等。为了尽管转移技术，工研院的最大特点之一是鼓励科技人员携带技术直接服务企业或创业，实现技术与人才的整体转移。近年来，流动率达到12%—30%，使最活跃的创新因素"人"成为技术转移的有效载体。此外，为培养技术人才的技术运营能力和企业家精神，工研院还通过设立"虚拟创业计划"，进行市场化的公司运作模拟训练。2010年，工研院技术转移衍生和育成服务的公司达242家，向产业界输送各类人才达21554人，先后培育出超过70位CEO，着实成为台湾中小企业发展的重要人才库。

第四节 优化浙江省产业创新体系建设的思路与对策

在过去的实践中，浙江省做了不少工作，但产业创新体系建设仍存在不足，特别是同江苏、上海以及广东等兄弟省份相比，无论是企业研究院、创新平台、技术联盟和企业孵化器等在规模和层次上都存在较大差距，很大程度上影响了产业竞争力和区域优势。"十二五"期间，加快传统优势产业提升、大力发展战略性新兴产业成为浙江省产业转型升级的主要任务，浙江省提出改造提升纺织、轻工、建材、有色金属等传统行业，大力发展汽车、装备、医药等资金和技术密集型产业，择优发展石化、船舶、钢铁等现代临港工业的同时，以重大技术突破和重大发展需求为基础，培育发展生物、物联网、新能源、新材料、节能环保、高端装备制造、海洋新兴、新能源汽车和核电关联等战略性新兴产业。面对众多产业的发展特点及创新需求，浙江省产业创新体系在加大建设力度的同时，需优化思路以提高针对性和有效性。

一 浙江省产业创新体系优化建设的基本思路

在不同产业中，创新在特性、来源、参与者、过程边界和创新活动的组织方面存在巨大差异，有些产业容易发生突破式创新，并倚重自身研发体系，而有些产业则以渐进性创新为主，并强调供应

（一）分类建设：产业创新的差异

熊彼特将不同产业的创新差异区分为熊彼特Ⅰ型和熊彼特Ⅱ型，其中Ⅰ型产业是指具有较低技术门槛，创业家和新企业能发挥重要作用的产业，这类产业中容易出现"创造性毁灭"，Ⅱ型与之相反，呈现了知识的累积性特点，进入门槛较高，大型企业容易占据主导地位，且较为稳定。高技术机会、低专有性要求以及企业层面的低技术积累性条件将会导致熊彼特Ⅰ型的出现；相反，高专有性、高技术积累性将会导致Ⅱ型的出现[①]。根据产业技术成熟度、竞争性以及创新主体特征，我省重点发展产业主要体现为四大类型。

1. 小企业主导的传统产业。这类产业技术趋于稳定，产业创新多为现有成熟技术框架下的渐进性创新，如产品性能提升或工艺改进等，而且进入壁垒较低，竞争性较强，以中小企业为主。我省传统优势产业如纺织、轻工、建材、有色金属等基本上属于这类产业。

2. 大企业主导的传统产业。这类产业壁垒较高，尽管技术已趋于稳定，但产业长期发展中，先发企业会因技术积累所形成的连续创新而获垄断地位，小企业难以在这类产业中获得优势，如汽车、钢铁、石化、医药、化工等产业，集中度高，规模效应明显。

3. 小企业主导的新兴产业。相比传统产业，新兴产业技术路线尚未明确，存在多种技术路径的竞争现象，在这类产业中，小企业创新十分活跃，比如生物、信息、软件等，据OECD调查显示，60%活跃在生物技术领域的企业人数不足50人。

4. 大企业主导的新兴产业。通常情况下，当主导技术逐步明确后，新兴产业中一些占据技术优势的小企业才会成长为大企业。

---

① ［挪］法格博格等编：《牛津创新手册》，柳卸林等译，知识产权出版社2009年版。

但有些新兴产业体现出对传统产业基础的高度依赖。比如新能源汽车、高端装备制造、生物医药等，创新企业相关技术经验累积以及产业协作关系对创新影响较大，在这个过程中，大企业相比小企业更具创新优势。

表 5—2　　　　　　我省重点产业四大类型及创新特点

	传统产业	新兴产业
大企业	技术稳定、创新壁垒较高：汽车、钢铁、石化、医药、化工	创新企业技术累积及产业协作影响创新：新能源汽车、高端装备制造、生物医药
小企业	成熟技术框架下的渐进性创新：纺织、轻工、建材、有色金属	技术路线尚未明确，多路径竞争：生物、信息、软件

（二）分层推进：创新体系的层次性

正如前文所述，产业创新体系存在不同主体，不同主体之间形成了差异化的功能模块，正因为产业创新规律存在不同，所以，它所依赖的产业创新体系的功能模块也有所侧重。帕维特（1984）提出四类产业创新模式，第一类是供应商主导的产业，如纺织业，创新的实现更多依赖产业内企业自身的"干中学"和"干中用"。第二类规模密集型产业，如汽车、钢铁，过程创新占主导，那么除了生产商之外，外部创新来源也不可忽略。第三类是以科学知识为基础的产业，如制药业，这些产业中大学、科研院所的基础研究和科学发现扮演者重要角色，是主要的创新来源。第四类是专业化供应商产业，创新主要针对绩效改进、可靠性和"定制化"，产业创新来源包括隐性知识、熟练工人等内部来源，还包括产业用户等重要外部来源[①]。创新源的差异决定了产业不同主体之间的互动程度

---

① ［挪］法格博格等编：《牛津创新手册》，柳卸林等译，知识产权出版社 2009 年版。

以及相应的网络结构，在有些产业中，技术研发体系至关重要；而在有些产业中，技术重大创新并不频繁，反而以渐进性改进、用户反馈交互为特征的技术产业化体系更为重要。因而，在资源有限的情况下，我们需要把握创新体系的层次性，率先突破核心功能模块。

二 浙江省产业创新体系优化建设的对策建议

"企业为主体、市场为导向、产学研结合"是浙江省产业创新体系建设的基本方向和原则，在具体实践中，应结合重点产业特征，秉承"分类建设、分层优化"的基本思路，把握关键点，使创新体系建设工作更为有效支撑产业发展。

(一) 小企业主导的传统产业：完善共性技术服务平台建设

这类产业中，小企业众多，且产品同构现象明显，由于自身规模、财力、人力不足，向产业链条的两端提升也是"心有余力不足"。面对这类产业，无法去解决单个企业遇到的问题，更多关心的是众多企业共性问题，通过为企业提供技术供给、产品设计、分析测试、验证试验、特殊装备使用、市场信息等公共服务，带动小企业改进生产工艺和产品性能，让产业整体具备向价值链高端提升的能力。因而这类产业的创新体系建设中，政府应充分重视公共技术平台的专业化和市场化运行。

(二) 大企业主导传统产业：新技术改造和新产品开发

实际上，这类产业在浙江有基础，但是优势并不明显，关键还在于和国内外其他区域相比，我省产业集中度不高，骨干企业规模偏小。对于这类产业发展一个大思路是做大做强现有骨干企业，发挥出规模优势。一是通过对骨干企业产品、工艺和关键设备的高新技术改造，降低生产成本，提高产业利润率，实现减能增值、减人增效、减耗增效。二是鼓励企业做产品链延伸，利用企业的现有市场优势，进一步开发附加值高、行业带动作用大的新产品，实现与新兴产业的有效融合。

（三）小企业主导的新兴产业：加快技术成果应用和产业链拓展

这类产业中创业者多源于科研院所或海归人员，核心技术研发具有高、精、尖特点，如果运作良好，小企业就能快速成长为大企业，甚至带来大产业。但这类企业普遍面临几大问题，一是企业规模小，缺乏创新成果应用推广的人员、资源及能力；二是配套技术、产业基础不完备，产品性能并不稳定。如不及早解决这些问题，小企业的创新先发优势将逐步丧失。因此这类产业创新体系建设中，政府应充分强调"单点突破"，争取在短时间内帮助企业实现创新产品市场化、规模化，在这个过程中，技术成果转化机制和本地配套体系完善应成为关注点。

（四）大企业主导的新兴产业：骨干企业强化创新资源整合

对于这类产业中的骨干企业而言，更多的制约还是来自于国内外其他大型企业的技术竞争，如果能够率先突破关键技术，企业已有的市场拓展能力将会带来企业乃至产业的快速发展。所以在这类产业中，应进一步发挥骨干企业的自主性，以重点企业研究院建设为切入点，鼓励企业根据自身特色和优势与科研院所、高等学校联合组建技术研发平台和产业技术创新战略联盟，围绕产业链形成创新资源的整合优势。考虑到这类产业的规模效应十分明显，政府在创新政策支持上不宜过于分散，应通过把握若干重点企业来强化产业资源的整合和有效利用。

第六章 创新模式:资源整合与协同创新

改革开放以来,浙江创造了"资源小省,经济大省"的发展模式。在实施创新驱动发展战略过程中,浙江仍然是一个科技资源小省,而且短期内难以快速提升。如何再创一个"科技资源小省,创新发展强省"的新浙江模式,关键是要充分发挥浙江在市场化配置资源方面的战略优势,整合国内外高端创新要素,通过协同创新有效推进创新驱动发展战略。

第一节 推进协同创新的现实背景

十八大报告指出,"要坚持走中国特色自主创新道路,以全球视野谋划和推动创新,提高原始创新、集成创新和引进消化吸收再创新能力,更加注重协同创新。"实际上,协同创新通过打破创新要素流动壁垒,能有效整合国内外创新资源、提高创新效率,是破解当前我国创新资源分散、创新能力不强等创新掣肘的资源配置方式。

一 走中国特色自主创新道路要更加注重协同创新

从创新的内容属性上来划分,自主创新包括原始创新、集成创新和引进消化吸收再创新。原始创新指的是在基础研究和高技术研究领域所取得的重大发现或发明,大部分属于知识创新;而集成创新和引进消化吸收再创新则主要属于技术创新范畴。自主创新不等于自我创新，也不等于独立创新，自主创新不是一种封闭的、单独式的创新，而是一种开放式的创新。协同创新则是创新的一种形式，是开放式的创新形式。所以，走中国特色自主创新道路要更加注重协同创新，就是要同时强调自主创新和协同创新，也就是说，要把创新的内容和形式都要讲全，要统一起来。

近年来，原始创新、集成创新和引进消化吸收再创新这三类创新都有长足进步，极大地增强了综合国力。然而，由于体制机制的束缚，自主创新被理解为封闭的、单独式的自我创新，这种认知和做法，不仅造成财政、科技和人力等资源的浪费，更严重阻碍了自主创新的推进。同发达国家相比，我国自主创新能力总体水平还不高，体制机制还存在不少弊端，企业尚未真正成为技术创新的主体；各方面科技力量自成体系、分散重复，整体运行效率不高；科技宏观管理各自为政，科技资源配置方式、评价制度等不能适应科技发展新形势和政府职能转变的要求，阻碍了自主创新能力的全面提升。

当前的科技创新工作不缺资源，缺的是对资源的有效利用和合理配置。传统的管理体系使很多科研成果难以共享并有效发挥作用。协同创新就是为了更好地实现各类社会创新资源的最优配置、最大化利用，是新形势下对自主创新内容与形式的重要发展与完善，旨在寻求一条打破条块分割、体制束缚、机制障碍的通路，充分释放彼此间"人才、资本、信息、技术"等创新要素的活力，并实现深度合作，使科技创新高度对接区域重大需求。

二　协同创新是有效推进创新驱动发展的管理模式

随着技术创新复杂性的增强、速度的加快以及全球化的发展，当代创新模式已突破传统的线性和链式模式，呈现出非线性、多角色、网络化、开放性的特征，并逐步演变为以多元主体协同互动为基础的协同创新模式，受到各国创新理论家和创新政策制定者的高度重视。纵观发达国家创新发展的实践，其中一条最重要的成功经验，就是打破领域、区域和国别的界限，实现地区性及全球性的协同创新，构建起庞大的创新网络，实现创新要素最大限度的整合。美国硅谷成功的关键在于区域内的企业、大学、研究机构、行业协会等形成了扁平化和自治型的"联合创新网络"，使来自全球各地的创新创业者能够以较低的创新成本，获取较高的创新价值。韩国在1980年代后期模仿日本的"技术研究组合"模式，成立了以国家电子通信研究所为牵头单位，由三星电子、LG半导体以及大学、政府机构等组成的共同研究开发组织，主要从事记忆存储芯片及其制造设备和生产材料的研发。经过10年的协同攻关终于获取成功，涌现出了三星、LG等世界半导体巨头，在通讯、存储芯片、平面显示等技术领域拥有世界领先的核心技术。在欧洲，随着欧洲一体化进程的加快，协同创新网络蓬勃发展。特别是芬兰、爱尔兰、瑞典、瑞士等北欧小国，技术创新实力虽然不如德国、英国、法国等老牌大国，但通过积极推进协同创新，建立全球性创新网络，创新能力也得到跨越式的发展。芬兰的"信息通讯技术联盟"由诺基亚等200多家信息通讯企业、29所大学和金融服务机构以及一批科技中介机构组成，极大地促进了芬兰的通讯产业发展，使芬兰从一个林业国家一跃成为世界上的通信强国。

同样，协同创新业已成为各省市竞相探索的新型创新模式。我国载入史册的"两弹一星"工程、"载人航天"工程、"嫦娥"工程等重大技术攻关，无疑都是具有中国特色的协同创新的成果。当前，我国已经由计划经济转变为社会主义市场经济，其协同创新模式显然不可能完全沿袭计划经济时期的做法，而需要借鉴发达国家协同创新的经验，将我国拥有的"集中力量办大事"、社会组织动员能力强的社会主义制度优势转化为全社会协同创新的体制机制优势。

从国内外实践看，通过企业、大学、科研院所三大基本主体投入各自的优势资源和能力，在政府、科技服务中介机构、金融机构等相关主体的协同支持下，共同进行技术开发的协同创新活动。协同创新不同于原始创新的协调合作，也有别于集成创新、引进消化吸收再创新的产品技术要素整合,其特点是参与者拥有共同目标、内在动力、直接沟通,依靠现代信息技术构建资源平台,进行多方位交流、多样化协作。可见,协同创新正是我国促进经济发展方式向主要依靠科技进步、劳动者素质提高、管理创新转变的重要环节,对于我国全面推进创新驱动发展战略意义十分重大[①]。

三 浙江要重点推进企业主导的协同创新

省委十三届三次全会通过的《中共浙江省委关于全面实施创新驱动发展战略加快建设创新型省份的决定》,明确提出了实现"八倍增"、力促"两提高",到2020年跨入创新型省份行列的奋斗目标。要实现这一目标,关键是要着力破解科技创新"四不"问题,从根本上解决科技与经济"两张皮"的现象。

实施创新驱动发展战略必须牢牢把握主攻方向。一要紧扣科技与经济紧密结合的问题,重点在更好发挥科技支撑作用上求突破;要求在进一步完善财政科技投入稳定增长机制的同时,更加注重优化财政科技投入结构,带动民间投资和社会各界科技投入加快增长。坚持有所为有所不为,推动优势资源向重点产业、重点企业和重点项目集聚。二要紧扣产学研用结合的问题,重点在推进企业主导的协同创新上求突破。要坚持"产"为主导、"学"和"研"为基础、"用"为目的,积极探索浙江特色的"企业出题、政府立题、协同解题"的产学研合作创新之路。突出企业技术创新主体地位,积极实施"十百千万"创新型企业培育工程和企业家创新素质培训工程。坚持"两手抓",一手抓大企业培育;另一手抓中小企业活力。鼓励和推动高校、科研院所与企业形成创新利益共同体,建立各方优势互补、共同发展、利益共享、风险共担的协同创新机制。三要紧扣科技成果考核评价的问题,重点在推动科技成果

---

① 李兴华:《协同创新是提高自主创新能力和效率的最佳形式和途径》,载《科技日报》,2011年9月22日。

转化上求突破。科技创新的最终目的是转化为现实的生产力。广大科技人员的创新劳动果实也只有用于生产、变成产品、被市场所接受，才能实现其经济价值、社会价值和人生价值。要完善创新管理的体制机制，通过协同创新体现以转化实绩论英雄，重点构建面向应用需求的科技成果考核评价制度，鼓励更多科技人员直面经济发展主战场。四要紧扣科技体制机制问题，重点在激发创新活力上求突破。要通过改革与创新，进一步激发创新活力，充分发挥协同创新在市场化配置资源方面的战略优势，整合国内外高端创新要素。实际上，当前科技创新中存在的诸多矛盾和问题，主要根源在于改革不到位、体制不完善。要深化行政审批制度改革，开辟科技型和创新型创业的"绿色通道"，让有创意、能创新的科技人才，低成本进入市场。加快形成多元化、多层次、多渠道的科技创新投融资体系，完善知识产权保护机制。鼓励企业"引进来、走出去"，大力引进大院名校共建创新载体，更好利用国内外创新资源。[①]

近年来，北京、江苏等兄弟省市在全面推进原始创新、集成创新、引进消化吸收再创新的同时，也在自觉不自觉地探索推动协同创新模式，力求在新一轮创新竞赛中先走一步，争创创新优势。如北京已经成立了"协同创新服务联盟"，主要服务重大科技成果转化和产业化、大力促进战略性新兴产业发展。如何再创一个"科技资源小省，创新发展强省"的新浙江模式，这就要求通过整合各方面科技力量，优化科技资源配置方式和评价制度，提升整体运行效率，全面提升自主创新能力。

第二节 协同创新的理论范式

协同创新是通过国家意志的引导和机制安排，促进企业、大

[①] 特约评论员：《牢牢把握创新驱动发展的主攻方向》，载《浙江日报》，2013年6月5日。

学、研究机构发挥各自的能力优势、整合互补性资源,实现各方的优势互补,加速技术推广应用和产业化,协作开展产业技术创新和科技成果产业化的活动,是当今科技创新的新范式。

一 协同创新的内涵及其特征

管理学上的"协同学理论"认为:自然界和人类社会的各种事物普遍存在有序、无序的现象,一定的条件下,有序和无序之间会相互转化,无序就是混沌,有序就是协同,这是一个普遍规律。协同学理论认为,协同是指元素对元素的相干能力,表现了元素在整体发展运行过程中协调与合作的性质。结构元素各自之间的协调、协作形成拉动效应,推动事物共同前进,对事物双方或多方而言,协同的结果使个个获益,整体加强,共同发展。导致事物间属性互相增强、向积极方向发展的相干性即为协同性。《新华汉语词典》对"协同"的解释是各方互相配合或一方协助另一方做某件事。《辞海》对"协同"的解释是一是指谐调一致,和合共同;二是指团结统一;三是指协助、会同;四是指互相配合。

美国麻省理工学院斯隆中心的研究院彼得·葛洛最早给出定义,即"由自我激励的人员所组成的网络小组形成的集体愿景,借助网络交流思想、信息及工作状况,合作实现共同的目标"。浙江大学陈劲教授认为,协同创新是以知识增值为核心,企业、政府、知识生产机构(大学、研究机构)、中介机构和用户等为了实现重大科技创新而开展的大跨度整合的创新组织模式[①]。从国内外的研究与实践来看,协同创新分为创新主体内部和外部两个不同的层面。创新主体内部的协同创新多为内部形成的知识(思想、专业技能、技术)分享机制,特点是参与者拥有共同目标、内在动力、直接沟通,依靠现代信息技术构建资源平台,进行多方位交

---

① 叶伟巍:《产学研合作创新机理与政策研究》,浙江大学博士学位论文,2009年。

流、多样化协作;创新主体外部的协同创新是指企业、大学、科研院所(研究机构)三个基本主体投入各自的优势资源和能力,在政府、科技服务中介机构、金融机构等相关主体的协同支持下,共同进行技术开发的协同创新活动。协同创新的特点本质上是一种管理创新,它不同于原始创新的协调合作,也有别于集成创新、引进消化吸收再创新的产品技术要素整合。全国政协副主席、科技部部长万钢指出"协同创新有多个层面,在宏观层面,强调国家决策层面的统筹协调,完善科技宏观决策体系,完善中央与地方、科技相关部门之间、科技部门与其他部门之间的沟通协调机制,避免创新资源的重复浪费和低效。在中观层面,强调各创新主体之间的协同,强调产学研合作。要提高知识创新体系、技术创新体系、区域创新体系、军民结合创新体系和科技中介服务体系五个体系的有效互动,提高国家创新体系的整体效能。在微观层面,强调企业内部、院所内部的协同,强调产业链上中下游的协同,强调项目组、学科组之间的协同,强调科研人员之间的合作"[1]。

协同创新包括战略协同层面、知识协同层面、组织协同层面,借此来阐明企业、大学和科研机构是如何利用知识和资源在组织间的快速互动、共享与集成,加快提高国家和区域创新系统的效率。协同过程的核心层是战略、知识和组织的要素协同,政府的政策引导、项目推动和制度激励是支持层,中介机构、金融机构以及其他组织也是支持层[2]。其主要特点有:(1)整体性。创新生态系统是各种要素的有机集合而不是简单相加,其存在的方式、目标、功能都表现出统一的整体性。(2)层次性。不同层次的创新有不同的性质,遵循不同的规律,而且不同层次之间存在着相互影响和作

---

[1] 万钢:《科技界学习贯彻十八大精神座谈会发言摘要》,载《科技日报》,2012年11月28日。

[2] 陈劲:《协同创新》,浙江大学出版社2012年版。

用。(3) 耗散性。创新生态系统会与外部进行信息、能量和物质的互流。(4) 动态性。创新生态系统是不断动态变化的。(5) 复杂性。组成系统的各要素比较多样，且存在着复杂的相互作用和相互依赖①。

二 协同创新的理论渊源

自 20 世纪 60 年代以来，创新模式经历了技术推动、需求拉动、交互作用、一体化和战略集成等代际发展，又吸收了 20 世纪 90 年代末的"知识和学习"中心化思想，持续向非线性、开放性及网络化方向发展，近年来协同创新模式方兴未艾。

美籍奥地利创新经济学家熊彼特最早提出"创新"概念，即"建立一种新的生产函数，实现生产要素新的组合"。Chesbrough（2003）首次提出了开放式创新模式这一协同创新重要的理论基础，指出有价值的创意可以从组织外部和内部同时获得，其商业化路径也可以在公司内外部进行②。HaKen 的协同学、Hoffman 的客户协同创新等理论也是协同创新的重要理论渊源。针对协同创新，傅家骥（1998）认为，协同创新是指企业之间及其与学研机构之间进行协作，是创新要素的整合以及创新资源在系统内的无障碍流动，是以知识增长为核心，以企业、高校、政府、教育部门为创新主体的价值创造过程③。陈劲和阳银娟（2012）等指出，协同创新是企业、政府、知识生产机构（大学、研究机构）、中介机构和用户等为了实现重大科技创新而开展大跨度整合的创新组织模式④。洪银兴（2013）指出，产学研协同是指产业发展、人才培

---

① 何郁冰：《产学研协同创新的理论模式》，《科学学研究》2012 年第 2 期。
② Chesbrough H. W. Open Innovation: The New Imperative for Creating and Profiting from Technology. Boston, MA: Harvard Business School Press, 2003.
③ 傅家骥：《技术创新学》，清华大学出版社 1998 年版。
④ 陈劲、阳银娟：《协同创新的理论基础与内涵》，载《科学学研究》2012 年第 2 期。

养和科学研究三方功能的协同,特别关注知识创新和科技创新之间的协同[①]。

实际上,在 20 世纪大部分时间里都运行良好的封闭式模式,却在世纪之交随着外部竞争环境的剧变而变得低效,甚至在一定程度上阻碍了企业创新绩效的快速提高。近年来,企业面临的经营环境出现更多新的特点,激烈的市场竞争需要企业快速提供新产品并商业化。封闭式创新模式受到了广泛的质疑与挑战,全球化和互联网的兴起共同促成了封闭式创新模式的瓦解。与以往独立的、封闭的创新模式相比,开放式创新模式认为组织的边界是可以渗透的,组织的创新思想主要来自于组织内部的研发部门和其他部门,但也可以来自于组织外部。组织能够,而且应该利用内部和外部的创新思想、内部和外部的市场途径。开放式创新将内部和外部的创意结合到企业的体系结构中。组织内部的创新思想也能够通过外部的渠道进入市场,将组织现有的业务外置,以产生额外的价值。

当前,在科技经济全球化的环境下,知识的全球化、泛在化以及知识交易程度的上升,驱动了开放式创新模式的出现。因此,在自主创新的基础上有效利用全球创新资源,成为创新的重要策略。实行以开放、合作、共享的创新模式被实践证明是有效提高创新效率的重要途径。充分调动大学、企业、科研机构等各类创新主体的积极性和创造性,实现跨学科、跨部门、跨行业组织的开放合作,对于加快不同领域、不同行业以及创新链各环节之间的技术融合与扩散,显得尤其重要。

相对于开放式创新,协同创新是一项更为复杂、更重视要素结合效果的创新组织方式,协同创新也可以说是开放式创新中的一种形式。协同创新的关键是形成以大学、企业、研究机构为核心要素,以政府、金融机构、中介组织、创新平台等为辅助要素的多元

---

① 洪银兴:《关于创新驱动和协同创新的若干重要概念》,载《经济理论与经济管理》2013 年第 5 期。

主体协同互动的网络创新模式,通过知识创造主体和技术创新主体间的深入合作和资源整合,产生"1+1+1>3"的非线性效用。美国的硅谷把创新型企业、研究型大学、研究机构、行业协会、服务型企业等紧密连在一起,演化出扁平化和自治型的"联合创新网络"。

当前科学技术已经成为经济社会各领域发展的驱动力量,科技自身发展也进入了一个新的阶段。科技创新速度加快,复杂性增强,主体多样化,对于科技创新的组织模式也提出了新的要求。科技成果服务于经济社会,要经历基础研究、技术研发、产业化和商业化的各个阶段,这一过程涉及高校、科研院所、企业、科技服务机构、消费者乃至政府部门等各类主体。特别是那些创新颠覆性强、涉及主体多、产业链长、受益面广的技术创新,不但需要多机构、多部门、多企业等的配合,而且需要这些创新主体能够自觉围绕目标,有机协同,才能产生合力,实现协同创新[1]。

三 协同创新的驱动机制和实施模式

从国际上看,当前的科技创新已经从单一主体的线性模式逐渐转向非线性的开放性模式,网络式创新、底层创新、众包式创新等逐渐浮出水面,成为科技创新组织的新模式。新的创新模式重在协同,目前已经形成多种协同模式,如供应链互补型整合模式、资源共享型整合模式、优势互补型整合模式和蛛网辐射型整合模式。上述模式中的协同机制可以分为两类,分别是利益驱动机制和生态平衡机制。其中对前两种起作用的是利益驱动机制,对后两种发生作用的是生态平衡机制。目前,我国各个地方的实践也已经初步形成了一些协同创新的好经验,归纳起来可分为以下四种形式:一是政府直接组织,即由政府牵头,将各类创新主体纳入到创新链条上来,从源头上促进合作。二是建立工业技术研究院,各地成立的工

---

[1] 陈劲:《协同创新》,浙江大学出版社2012年版。

业技术研究院，在整合区域科技资源、攻克区域产业共性技术与关键技术、转化科技成果、孵化具有潜力的新兴企业、搭建技术评估与转移服务平台等方面发挥了积极作用。三是成立产业技术创新联盟，其主要做法包括围绕特色产业，通过优势企业牵头建立联盟；采用课题负责人和工程项目经理复合制，促进科研和生产的紧密结合，确保成果及时转化；组建创新网络服务平台，创造机会促进网络上节点间主体间的互动，提供对企业员工的技术和知识培训、专业设计、咨询和知识服务等，打造创新集群。四是通过技术扩散形成协同创新体系，区域内频繁的知识转移和技术扩散能够有效促进协同创新的产生，一个或几个企业的优异表现能够激励周边的追随者，并实现良性循环，促进协同创新[①]。

当前，政府、龙头企业、领军人物等作为协同创新中的创新中介是为了弥补协同创新中信息失真或市场失灵的功能而衍生出来的创新辅助主体，它一直被视为一个非常重要的主体，发挥着信息交换、建立联系和提供网络等诸多功能。基于此，协同创新也可以分成三类。

第一类是产学研协同创新。其创新中介一般是学研机构的技术推广中心，或者是企业的对外技术联络部门，与其他创新主体表现为"一对多"的关系。实际上，此类创新中介往往是学研机构或者企业内含的，是其中的一个部门或者分支机构，功能上只服务于所在机构的创新合作或产业化推广。学研机构作为技术供给方，为了更好地与企业等技术部门形成良好的沟通、促成有效的协同创新，中介部门通常由一些该领域的专家作为核心成员。相应的，企业作为技术需求方，其中介部门往往由深谙企业技术需求的人员与学研机构沟通和洽谈。从中介对协同创新所产生的绩效看，就学研机构而言，它促进了技术的产业化推广和技术能力的市场化运用；就企业而言，它帮助企业获得了外部的创新资源，有助于合作解决

---

① 韩雪：《协同创新重在协同》，载《中国科学报》，2012年7月12日。

创新中遇到的技术难题。

第二类是网络式协同创新。其中介的具体形态是多样化的，既包括传统的网上技术市场，也包括各类技术服务中心，还包括区域创新驿站等机构。概括而言，此类创新中介是一个技术和信息等交易的平台，表现为"多对一对多"的关系。它不再依附于其他创新主体，而是独立发挥着第三方的功能和作用。它有专业的运作团队，通常内部构建了集聚着创新信息资源的数据库，并建立了面向大众的网站等智能化推广平台。以创新驿站为例，它们往往在大学技术中心、区域发展机构和国家创新机构等公共机构中安排技术转移经验丰富的专业人员，并建立了严格的合作项目筛选机制，主动为中小企业提供个性化的解决方案。

第三类是架构性协同创新。其创新中介首先要通过信息收集、集聚创新主体和要素，来架构协同创新体系，这个过程表现为"一对多"的关系。在创新体系架构完成后，创新中介要协调各主体之间的关系，促进协同主体之间更好的沟通与合作，此时表现为"多对多"的关系。在架构性协同创新过程中，创新中介的定位和功能是一个动态调整的过程。较之产学研和网络式协同创新两类模式，架构性协同创新的创新中介需要产业和技术的领军团队领衔，通过他们整合协同创新所需的系统性信息，并承担汇聚创新资源、整合创新主体、协调利益机制等方面的功能。由领军团队构成的创新中介已经超越了其他中介的功能，最主要的是通过探索研究和系统架构解决创新前端模糊的难题，旨在通过架构完整的协同创新体系，构建完整的产业链并主导其价值链。

第三节 浙江协同创新模式及案例

浙江从来不缺乏创新，在大有可为的协同创新战略机遇期，浙江既保持了敏锐的创新嗅觉，更善于整合和配置国内外创新资源、为我所用，协同创新实践丰富多彩，成果斐然。

一 产学研合作的协同创新

浙江省新药创制科技服务平台集药学、药效学、毒理学、天然药物研究和药品质量控制研究于一体，有效整合了浙江工业大学、浙江省医学科学院、浙江中医药大学、浙江大学和浙江省药品检验所五家承建单位的新药创制科技资源，通过建立资源共享机制，为企业提供新药筛选、工艺改进、质量控制、药效研究和安全评价等各类新药临床前研究服务活动，缩短新药研制周期，为提升浙江省制药企业自主创新能力、构建新药创制科技创新体系提供了有效的科技支撑。2013年5月，以该平台以及药学、生物化工、环境科学与工程等重中之重学科为基础，"长三角"绿色制药协同创新中心被教育部、财政部认定为首批国家级"2011协同创新中心"。该平台的先进经验对于推动我省及全国高校协同创新理论与实践的发展，保障"2011"计划的顺利实施，具有重要借鉴意义与启示。

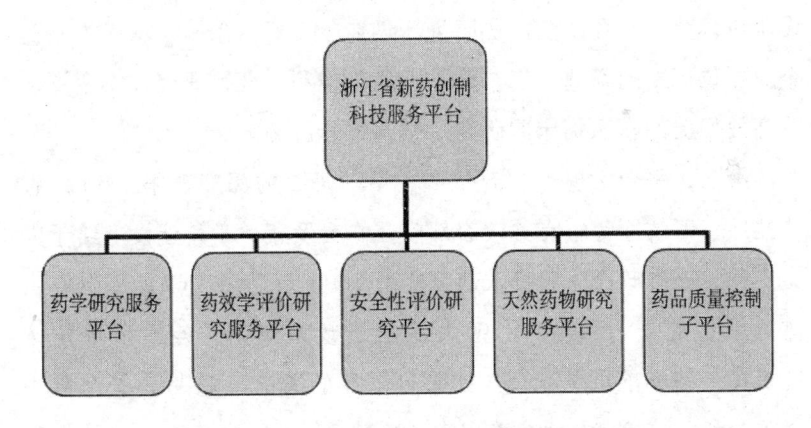

图6—1 浙江省新药创制科技服务平台的架构

浙江省新药创制科技服务平台的实施模式是以重大需求为导向、产业链协同创新为重要支撑、实现了"政、产、学、研"的深度合作并创立了多种形成的产学研深度融合的新联系机制[①]。

---

① 林汉川等：《协同创新平台发展模式与体制机的有益探索》，载《决策参考》2012年第4期。

第一，平台以区域支柱产业的重大需求为方向。制药产业作为浙江省重要的支柱产业，曾创下产值、销售、利税、出口创汇等连续10年居全国前列的辉煌历史。当前，平台已开发形成了一批拥有自主知识产权、优势和特色明显的药物生产关键共性技术。如有毒有害物质替代技术、生物催化技术、化学与生物耦合技术、管式反应技术、资源综合利用技术等。

第二，平台建设以产业链协同创新为重要支撑。平台的五家建设单位涵盖了新药创制产业链的主要环节。浙江工业大学的优势在于制药工艺研究，浙江大学的优势在于新药设计与发现，浙江中医药大学的优势在于药效学研究，浙江省医学科学院的优势在于药物的临床前安全性评价，而浙江省食品药品检验所的优势在于药品的质量控制。正是通过这种在专业上具有异质性的单位之间的链式联合，平台具有了集药学、药效学、安全评价、药品质量控制于一体的集成优势，实现了药物临床前研究各环节的无缝对接，为平台建设单位优势互补和产业链协同创新创造了良好的条件，从而为制药企业提供了新药筛选、工艺改进、质量控制、药效研究和安全评价等高效便捷的新药临床前研究一站式综合服务。

第三，平台实现了"政、产、学、研"的深度合作。（1）省科技厅、财政厅等省有关政府部门在平台及相关学科建设上给予大力支持，如省政府先后投入建设经费8000余万元；（2）平台各主体对平台的人力、物力、财力等给予政策倾斜。各建设单位按1:1的经费标准给予配套。如平台依托的浙江工业大学3个重中之重学科，该校就投入配套经费6000万元。（3）平台为企业和科研院所提供科研服务共获得了近2亿元科研经费。"政产学研"的深度合作，使该平台具备了自我造血功能，进入协同创新、可持续发展的良好状态。（4）平台实验场地的规模显著扩大，目前有21738平方米，各类仪器设备总值达11645万元，确保了各项实验和专业服务的有效实施。平台不仅避免了建设单位之间大型仪器设备的重复购置，同时也大大提高了仪器设备的使用效率，平台还提供一些免费的信息共享服务为企业提供相关药物信息检索服务，大大节约了企业的研发时间和成本。

第四，平台创立了多种形式的产学研深度融合的新联系机制。为了加强平台与制药企业以及其他医药科研机构的对接，在平台牵头和直接领导下，创立了多个促进产学研深度融合的新联系机制，如平台相继成立了由高校、企业、科研机构等组成的浙江省化学药制剂产业技术创新战略联盟和浙江省中药现代化产业技术创新战略联盟；在省内医药企业密集的台州、温州、金华、绍兴、湖州、上虞六个区域成立了平台的地方工作站，在东阳和安吉成立了平台的科研基地。这些创新战略联盟、地方工作站、科研基地大大促进了平台与企业以及科研机构的联系，有力推进了浙江医药产业产学研的深度融合。

浙江省新药创制科技服务平台的产学研协同创新模式具有诸多值得归纳和总结的有益经验。

第一，服务国家或区域重大战略需求是创立协同创新平台的中心任务。协同创新平台是承担重大项目、产出高水平成果和可持续创新的基础。搭建协同创新平台，必须以服务国家或区域重大战略需求为中心任务。浙江工业大学牵头组建的浙江省新药创制科技服务平台，因为直接服务于建设浙江省"医药强省"的区域重大战略，进而产生了把浙江省相关高校、科研院所具有的重大科研成果优势转化为有效带动浙江省医药产业创新的现实生产力中来的效果。

第二，体制机制创新是打造协同创新平台的强大动力。一是要优化组织结构。比如浙江省新药创制科技服务平台采取三层次的组织形式，就落实了平台中高校之间、高校与科研院所之间、高校与企业之间如何对接、如何组织和合作管理问题。二是建立职责明确、分工合作、实施控制的制度体系。通过这些制度体系有效规范平台参与单位的行为，并促使平台参与者各司其职、分工有序、深度合作，进而促进人、财、物各类资源在平台中的有机融合。

第三，围绕产业链进行创新是构建协同创新平台的关键环节。要提高协同创新平台的水平和效率，就必须紧紧围绕产业链，把协同创新链融入到产业链中来。当各个创新主体组建的协同创新链与产业链互相融合、相互协同、成为一体的时候，协同创新平台的方向、目标就会更加明确，合力就会不断增强，创新的水平和效率就会明显提高。就会产生"1+1＞2"的协同倍增效应。

第四，创新主体协同互助是搭建协同创新平台的重要着力点。一是重大技术创新活动往往需要多单位协同互助，进行联合作战。我们要实现重要产业关键技术和核心技术的创新突破，更加需要产学研协同互助、深度合作。二是只有有效协调各方利益关系，才能促进协同创新平台顺利实施。在这个过程中，牵头大学必须要大气，站得高、看得远，发挥自身优势，不与其他创新主体争利益。三是协同创新平台应设定各个创新主体利益范围与责任边界、风险分担和利益分配机制，使各个参与主体都能够在协同创新中受益。

第五，打造高端团队与培养高素质人才是顺利实施协同创新的重要支撑。一是协同创新涉及的大都是关系国家和区域产业发展战略的重大需求项目，要有效推进协同创新，高校必须建立高端的科技创新平台与人才团队。二是在构建科技创新平台的基础上，高校还应围绕协同创新的目标，培养高素质的领军人才和创新团队。三是协同创新平台能够解决高校普遍存在的教学科研和国家经济建设脱节、科学研究与人才培养脱节问题，可以促进多层次、复合型的创新人才成长，为提高我国高校办学质量提供新的途径。

多年来，平台构建了一支由工程院院士领衔，国外专家兼职，中青年专家为主的平台创新团队，实施了"卓越工程师培养计划"，初步形成了"做中学""研中学"的创新人才培养模式，催生了一批拥有自主知识产权、国际领先水平的药物制造关键共性技术，建立了全球最大最强的萘普生等十一个大宗产品生产示范基地，为推进协同创新，创建新型政产学研用战略联盟提供了有益借鉴。

二 产业集群的网络式协同创新

安防产业发端于美国，主要包括视频监控、出入口控制与管理、入侵报警、门禁对讲、安检排爆等细分行业。全球的安防产业正在蓬勃发展，其特点是主打高端产品，走高附加价值路线，主流方向逐步从模拟监控向数字化综合安防系统转型，大数据处理、云服务等环节是目前国外安防产业新的发展趋势。随着安防产业的迅速发展，行业中间组织也逐步健全。在全球范围内已成立全球安防产业联盟（GSIA），它是由美国安全工业协会、俄罗斯安全行业协会、巴西安防产业协会、中国安全防范行业协会等共同发起成立的，目前共有三十三家成员单位。联盟的建立极大地推动了全球安防行业的标准化进程及其相关国际化教育与认证项目的开展，对促进全球安防产业的共同发展起到了显著的作用。我国安防产业形成了各具特色的三大地域性产业集群，以电子安防产品生产企业聚集为主要特征的"珠三角"地区、以高新技术和外资企业聚集为主要特征的"长三角"地区，以及以集成应用、软件、服务企业聚集为主要特征的"环渤海"地区。这三大地域性产业集群占据了我国安防产业约2/3以上的份额。并且随着市场应用的不断扩展，产业内涵逐渐延伸放大，形成了集科研开发、生产制造、施工集成、报警运营、销售服务于一体的完整产业链体系，实体防护、防盗报警、视频监控、防爆安检、出入口控制等系统领域得到全面发展，产业结构得以优化。

数字安防产业链主要由算法提供商、集成电路芯片制造商、软件提供商、硬件设备制造商、工程设计施工商、销售服务商以及终端客户等不同企业或机构组成，产业链覆盖了研究开发、生产制造、工程施工、销售服务等多个环节。目前，杭州高新区数字安防产业几乎覆盖了上述产业链的所有关键环节，许多企业在产业链的不同环节各具优势，如算法提供商主要有海康威视和大华股份等企业，集成电路芯片制造商主要有杭州国芯科技、士兰微电子等企业，软件提供商主要有银江股份、浙大网新和巨峰科技等企业，硬件设备制造商主要有中威电子、大力科技、荣耀科技、红相科技等企业，系统集成商主要有海康威视、大华股份等（图6—2）。

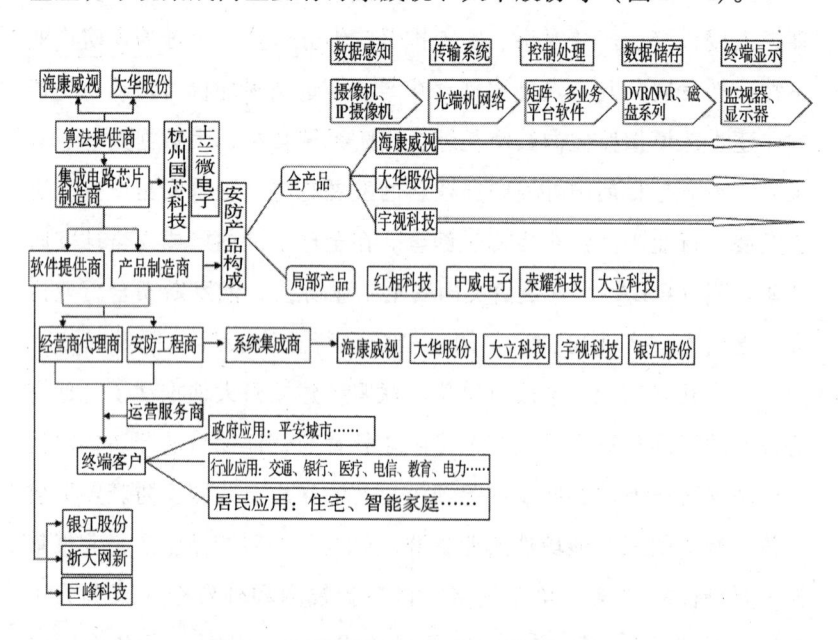

图6—2 杭州数字安防产业链构成示意图

当前支撑安防产业发展的关键技术主要包括视音频信号采集处理技术、网络控制与传输技术、音视频压缩算法技术、集成电路应用技术、信息存储调用技术、大数据处理技术、红外热成像技术、生物识别技术等八大技术，同时还涉及信息安全、数据挖掘等新兴领域。目前杭州高新区企业在这八大技术领域均有涉足，并且在多个技术领域取得了重要突破，多个技术和产品居于全国或全球领先地位。具体的，如在音视频压缩算法技术方面，海康威视首次把H.264编码算法引进监控领域，在国内率先推出了全线高清及智能监控产品和整体解决方案。大华股份则应邀参加针对中国数字音视频压缩算法技术标准的讨论制定，成为音视频压缩算法技术标准的制定者。在网络控制与传输技术方面，宇视科技一直处于行业领先地位，率先进入IP智能监控领域，是国内IP智能监控及联网监控的首创者和领导者。在信息储存调用技术方面，海康威视在国内率先研制出 DVR 和 DVS 合一的嵌入式硬盘录像机，其 DVR 产品市场占有率居于国内第一。在红外热成像技术方面，大立科技是国内规模最大、综合实力最强的红外热像仪生产企业，除了民用领域的红外热成像技术外，还参与了多个军用或准军用的红外热成像技术的开发研制。红相科技的 SF6 气体成像、双光谱紫外成像和红外窗口是国内首创的三项红外线热成像技术。在生物识别技术方面，维尔生物拥有指纹识别算法、梯形矫正算法、手指静脉识别算法、指纹图像拼接算法、模糊金库算法等指纹鉴别核心技术。中正生物则拥有自主知识产权的全球一流的 Justouch 指纹识别算法。

从实效上看，杭州安防产业已经形成了以企业为主体的协同创新体系。在科技创新的推动下，杭州安防产业正快速地接轨国际前沿技术，不断加大与 IT、物联网、云计算等技术的融合，数字安防电子产品正快速地向数字化、集成化、网络化、智能化等方向发展，具有高新科技特征的安防芯片、平台软件、中间件、大规模集成技术等发展迅速，机械类产品也向着机电一体化、自动化和信息化方向全面升级，同时，安防产品应用也不断扩展，遍及国家安全、城市管理、智能交通、社区防范、公共安全、医疗等许多领域。

三 中介主导的架构性协同创新

浙江铭众是以浙江大学和中山大学的教授以及后续加入的华盛顿大学的教授为协同创新领军团队，并由他们发起而先后成立的杭州铭众生物科技有限公司（以下简称杭州铭众）、浙江铭众生物医学创业投资有限公司（以下简称铭众创投）和浙江铭众生物医用材料与器械研究院（以下简称铭众研究院）组成，是架构性协同创新的实践者。经过近五年的发展，浙江铭众以自主创新和替代进口为科学研究及产业化方向，采用开放式组织配置资源的模式，汇集了国内外在生物医用材料与器械研究应用领域的优秀团队和相关产业化资源，现已形成架构性协同创新体系，正逐步完善产业链并主导其价值链。

在协同创新制度基本完善，外部创新要素和团队逐步集聚的基础上，以浙江大学、中山大学和华盛顿大学教授为领军团队构建了完善的协同创新组织架构和创新体系（图6—3）。一方面，由绍兴高新技术产业开发区（以下简称绍兴高新区）、中山大学—美国华盛顿大学转化医学研究所、浙江大学高分子科学研究所和杭州铭众四方联合发起，于2012年先后成立了铭众创投和铭众研究院。另一方面，领军团队通过与绍兴高新区的沟通和交流，在前期获得了办公用房等方面的支持，并在协同创新体系构建过程中获得了共计1.6亿元的专项扶持资金。

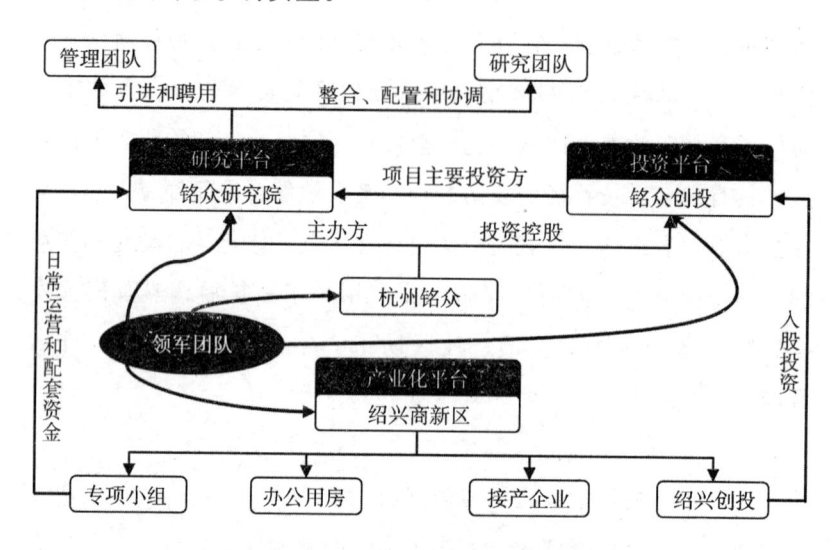

图6—3 铭众架构性协同创新的体系

从投资、研究和产业化三大平台的具体情况而言，首先，铭众创投与其他社会资本共同构成协同创新的投资平台。铭众创投是由杭州铭众控股，绍兴市科技创业投资有限公司和浙江红榕创业投资有限公司共同投资成立的，注册资本达1亿元人民币，成为研究项目的主要风险投资人，也是研究成果产业化的专项投资和扶持引导基金。其次，铭众研究成为协同创新的主要运营平台和研究平台。

铭众研究院集聚国内外9所著名大学100余名专家,其中包括诺贝尔生理医学奖得主、美国科学院院士、"千人计划"团队、长江特聘教授、临床医学专家等,专家的专业涉及生物材料、工业造型、结构设计与制造、数字音像、嵌入式软件系统、移动健康、临床医学等领域,以上团队可应用装备资源总计约3亿元人民币。最后,绍兴高新区及其他产业化接产企业构成协同创新的产业化平台。就产业化环节,由于项目选取时经过了深入的市场分析,其市场需求和潜力是可预期的,项目产业化由谁接产是浙江铭众与地方政府、产业化投资人和接产企业谈判的筹码。根据约定,绍兴高新区为约定产业化落户主要基地,产业化项目有责任向其他产业化和创新投资方倾斜。

在协同创新体系架构完成后,浙江铭众制定了详细的协同创新流程以及规范的创新主体权责制度(如表6—1)。项目流程主要由筛选、研究、衔接和产业化四个环节组成,流程的各环节所涉及的创新主体都有相应的制度用于规范其权责。

表6—1　　　　铭众架构性协同创新的制度

创新阶段		铭众研究院		研究投资人		产业化公司	销售代理商
		管理团队	研究团队	铭众创投	绍兴市政府		
责任和义务	项目筛选阶段	负责筛选	配合	配合	配合		提供信息
	项目研究阶段	负责管理协商履约	项目研究	主要出资	配套出资		
	衔接阶段	负责管理协调履约	配合	配合	配合	负责落实	
	产业化阶段	协助接产顾问支持	顾问支持			出资;兑现其他利益	代理销售
权利和利益		奖励;其他利益	研究费发;其他利益	研究成果的主要权利人	成果优先在绍兴产业化	产业化权利人	销售代理权

浙江铭众以自主创新和替代进口为科学研究和产业化的方向,已承担过国家科技部"863"计划项目、"十五"攻关项目、国家自然科学基金、省自然科学基金等项目三十余项,共获得国家发明

和实用新型专利四十余项，国内独家生产的"非吸收可崩解肠道吻合器"等产品已上市销售。它的主要做法是。

第一，坚持以领军人物为核心，系统整合国内外创新资源。浙江铭众的领军人物是由多个顶级专家组成的团队，主要包括中山大学前校长黄达人教授、美国科学院院士诺贝尔生理医学奖得主哈特韦尔博士、浙江大学郑筱祥教授、中山大学常务副校长汪建平教授、浙江大学王利群教授等国内外著名专家。他们系统掌握了产业研发和生产的技术参数，并对全球相关研发、生产和销售企业非常了解。他们在全球范围内招聘一批技术、管理和营销精英人才，以开放式平台面向国内外配置各类研发和产业化资源。他们是企业的发起人和核心创新团队的召集人，也是创意、组织、整合和协调创新资源的顶层设计师，更是研发、生产和销售信息的集成中枢。

第二，坚持以市场化为主导，有效打破创新资源壁垒。浙江铭众对创新产品的筛选和创新资源的整合都完全是市场化的。首先，浙江铭众的成立就是以市场为导向的。领军人物通过对医疗器械产业深入的市场调研，发现该产业存在很大的市场空间和发展潜力，确定自主创新和进口替代是可行的。其次，项目的筛选也是通过前期的市场调研和风险投资机制，优先开发市场需求大的产品。最后，在项目的研发、生产和产业化环节，也是根据"承接能力够、利益谈得拢"的原则选择产品开发各环节的合作伙伴。

第三，坚持打造全产业链，避免"两张皮"和低附加值两大陷阱。全产业链以需求为导向，从产业链源头做起，贯穿了创意、研发、生产和销售各个环节，既能有效破解科技和经济"两张皮"的现象，也可避免陷入低附加值的产业链加工洼地。为此，浙江铭众整合了由国内重点大学、国家工程研究中心、国家重点实验室、相关研究院所、三甲医院、医疗器械销售代理商、投资公司和社会接产企业等单位支撑的全产业链，并且制定了科学严格的项目筛选、技术研发、产品生产和销售流程。

第四，坚持以地方经济为依托，促进产城融合互动发展。产业是城市发展的基础,城市是产业集聚的载体,两者互为支撑、相得益彰。浙江铭众与绍兴高新区在创新投资、产品生产与人才引进等方面开展深入合作。一方面,浙江铭众的创新初期就获得了绍兴高新区给予的办公用房等扶持措施和政策。随着协同创新体系的不断优化和完善,浙江铭众更获得了绍兴高新区在日常运营、创新投资和产业化等诸多方面的支持与合作。另一方面,浙江铭众也通过创新进行反哺,不但在创新成果产业化的选址和接产企业的选择等方面优先考虑绍兴高新区,同时也积极将国内外优秀的技术与管理等高端人才源源不断地引入绍兴高新区。浙江铭众与绍兴高新区的相互扶持与合作,既加速了协同创新的发展,又使绍兴高新区率先成为协同创新的产业化平台,是一种高效的产城融合互动发展模式。

从浙江铭众协同创新的实际运行效果看,它在依托全产业链发展的同时,也带动了产业链各个环节的发展,实现了产业的整体发展;它通过整合国内外高端创新资源,缩短了产业创新发展的进程,促进了绍兴等地相关产业的转型升级。

第四节 推进浙江协同创新的政策建议

从"封闭、割据、分散"到"互动、融合、协同"是科技资源整合的潮流,协同创新就是基于协同学的思想,促成政、产、学、研通过机制性互动产生创新效率的质变,从而获得价值创造的过程。[①] 针对我省在实施协同创新的现实需求,结合党的十八大报告提出的实施创新驱动发展战略对协同创新的新要求,提出如下建议,以期政府在完善协同创新政策方面有所参考。

一 合理规划协同创新的政策目标

相对于独立创新、开放式创新的浅层合作,协同创新追求的是

[①] 程永波:《科技创新的新范式:政产学研协同创新》,载《光明日报》,2013年12月28日。

一体化的深度合作，因而，清除政产学研之间互动的障碍，推动创新要素多维度、多层面的融合，尤为关键。

首先，各类创新主体的目标要协同，这是协同创新的本意所在。在创新活动中，企业追求最大利润，大学追求科研成绩，政府追求社会福利，这种价值观的分歧影响着各方对合作利益的评判，为此必须认同与包容各方行动目标的差异性，达成互赢的心理预期与信任的合作关系。在协同过程中，各方必须准确判断自身的优劣，廓清彼此的责任及利益分割，特别是要在利益分配、风险承担等敏感问题上达成利益平衡点，以获得创新的内聚力。

其次，各类创新主体的知识要协同，这是协同创新的内在要求。知识协同是创新各方拥有的隐性知识与显性知识相互转移、吸收、集成、再创造的过程。由于联盟与合作削弱了单个组织对创新的掌控，从而增加了知识产权的矛盾，提高了知识交易的费用。为此，各类创新主体需要进行心理沟通和信息交流，通过专利许可、联合研发、学术创业、人员互流、非正式研讨、共参会议等知识交流渠道，缩小知识需求与知识供给的落差。在实际过程中，需要重视隐性知识的显性化、组织间的学习效应、知识界面的管理等环节，以降低知识转移中的黏度。

最后，各类创新主体的行为要协同，这是协同创新的组织要求。协同创新是一种独特的、混合型的跨组织关系，政产学研各方都无法取得全部的控制权，因而，相得益彰的管理方式与组织架构，是创新系统能够形成合力的保障。为此，应根据协同学与系统学原理，建立以企业、大学、科研机构为核心，政府部门、中介组织、金融机构为辅助的网络化创新组织。通过组织文化建设、管理制度建设，增强各方对新组织的归属感，促进创新资源的跨界扩散。

二 系统构建协同创新的政策体系

协同创新知易行难，主体的互动、形式的选择、目标的统一、利益的协调，都需要纽带与桥梁，因此，必须充分发挥政府"引导者"与"推动者"的功能，以实现产业链、创新链和金融链的顺利衔接。

第一，建立利益风险平衡体系。政府有必要利用现代管理手段，对各方投入的资金、人才、技术等生产要素实施风险评估和跟踪监管，对可能产生的管理成本、机会成本、沉没成本提早预见。督促各方使用市场研究、技术路线、技术搜索、技术路标等先进工具，在合作初期就达成对未来技术发展趋势的共识。着重减少协同创新中的信息分布不对称、信息披露不完全的问题，使得创新各方能够科学评估创新所产生的技术价值，进行合理的技术交易。完善知识产权保护制度，通过知识产权评审、知识产权档案、技术管理计划，来实施合同约束。

第二，形成多元资金供给体系。各级政府应设立协同创新专项基金，构建成果转化资金与创业风险投资的联动机制，发挥政府种子基金的"资本杠杆"作用。鼓励商业银行探索以联保联贷的方式对协同创新项目提供金融支持，以降低单个金融机构的信贷风险。适当放宽准入条件，鼓励风险投资基金、私募股权基金等风险偏好型投资进入创新创业活动。健全知识产权抵押质押登记系统，政府应给予创业活动长期贷款担保、简化手续贷款担保，通过金融支持、税收优惠、政府采购等措施引导创新资源向企业汇集，使企业成为创新的主力军。

第三，优化人力资源配置体系。国家应鼓励高校，特别是研究型大学动态调整学科专业目录，构建交叉融合、特色鲜明的学科体系，传播敢于质疑、勇于开拓的创新精神。推进"项目—基地—人才"的一体化建设，健全企业委托培养人才、企业设立大学奖学金，校企联合培养研究生等措施。针对高校与企业之间的人才流动率低的弊端，高校需要制定多元化的考评体系，完善有关流动人员职称评定、职务晋升、生活待遇、成果归属、个人权益的政策；企业需要加强人才的绩效与薪酬管理，逐步提升技术入股的股权持有比例；政府需要建立政产学研人才联盟数据库，完善人才认证与人才流动机制，推动学术界与产业界智力要素的对接。

第四，推进创新载体平台建设。政府有必要在既有大学科技园、科技企业孵化器、产学研结合基地、2011协同创新中心的基础上，构建以明确的物理空间为核心，以广阔的网络空间为外围的"多元开放、集成高效"的载体系统。协同创新时刻处于自组织的动态调整之中，载体形式过于固定、关系过于僵化，反而会导致路径依赖的"锁定效应"，为此，可以采用创新战略联盟、虚拟创新空间等更为灵活、开放的载体形式。为了提高创新战略联盟的成功率与市场化水平，政府需要"牵线搭桥"，引进企业或其他市场主体参与联盟建设，同时，引导各方明确各自的利益范围和责任边界，以减少联盟的盲目性和风险性。虚拟创新空间的组织弹性化，使其可以根据具体任务，灵活调整研发团队；结构扁平化，可以促进成员的多维交流，激发学习效应；但是，虚拟创新空间的松散性也增加了知识转移的风险，因此，特别需要加强诚信体系的建设，借助信任的"软性"约束来实现利益共享、风险共担、共同发展。

三 积极推进协同创新的重点措施

如何再创一个"科技资源小省，创新发展强省"的新浙江模式，扬长避短，充分发挥我省在市场化配置资源方面的战略优势，整合国内外高端创新要素，有效推进协同创新是关键。

第一，紧抓新主流，培育"科技新浙商"。协同创新是当代科技创新的重要趋势，是中央特别强调也特别适合浙江省情的创新形式。协同创新以产权为纽带，以项目为依托，形成各方优势互补、共同发展、利益共享、风险共担的系统性创新，更符合创新经济学家熊彼特对创新的定义，是破解"两张皮"和"四不"问题的一剂良药，理应成为创新的主流。大力推进协同创新，"科技新浙商"在增强"单刀赴会"的创新胆识和科技实力的同时，更要通过提高整合和配置国内外创新资源的能力，形成和强化"统帅三军"的领导力和支配力。

第二,加强开放性,打造协同创新新高地。开放才能汇聚资源,才能合作共赢,开放是协同创新的内在要求。只有充分利用开放的优势,了解国内外科学技术的前沿,才能站在前沿上创新,才能汇聚国内外创新人才和创新要素。开放的力度更决定了合作的深度。加大开放,有利于引入更多创新要素、发挥各自优势和实现优势互补,是通过"风险共担、利益共享"的互动机制来深化合作、充分调动创新参与者积极性的根本保障。浙江要"内外开放"一起抓,在积极兴建和发挥各类创新平台和载体作用的同时,更要通过开放合作进一步整合各类载体和平台,以"1+1+1>3"的吸引力面向国内外广泛开展引资、引技、引智活动,实现开放共赢、持续发展,共同打造科技、人才和产业新高地。

第三,发挥"政"能量,营造协同创新新环境。政策协同是协同创新的一个重要组成部分,要加强科技宏观统筹和健全宏观决策机制,通过更加灵活的方式对政策进行完善和协调,促进资源高效利用。在创新环境建设中,政府要承担起协同创新助推者的角色,充分发挥好组织、协调、服务和宏观管理的作用。一要确立"立足浙江、引领产业、面向世界"的创新发展战略目标,制定科学的引入标准和共享规范,提高科技资源的投入产出绩效。二是加强各项政策的配套完善,根据"整合、共享、完善、提高"的原则研究制定相关政策。三要加强各类创新人才引进,以"三名"工程为纽带,不断完善创新精英和工程师队伍的引进和培养机制,落实人才激励措施,要对人才"扶上马、送一程",确保人才引得进、留得住、作用大。

附录:"实施创新驱动发展战略"专项研究系列报告

报告一

对我省科技创新绩效的综合评估与分析

一 我省科技创新绩效总体水平处于全国前列

数据分析表明,我省科技进步贡献率好于全国平均水平,科技进步综合水平与科技投入水平基本一致,科技创新绩效总体水平处于全国前列。

1. 我省科技进步贡献率好于全国平均水平

经测算,2006—2012年,我省科技进步贡献率提升了8.1%,2012年达到53.7%,好于全国平均水平(见表1)。

表1 浙江科技进步贡献率与全国的平均水平比较 (%)

年 份	2006	2007	2008	2009	2010	2011	2012
浙 江	45.6	47.2	47.8	48.2	50.6	51.5	53.7
全 国	44.3	46.0	48.8	48.4	50.9	51.7	53.2

2. 我省科技进步综合水平与科技投入基本一致

根据我国权威性最高的《全国科技进步统计监测报告》的数据,从2002年至2010年,我省"科技进步综合水平指数"与"科技活动投入水平指数"在全国的位次相一致,大致处于全国第7位;2011年提升至全国第6位,处于全国前列(见表2)。

表2　　　　　　浙江科技进步各项指数在全国的位次

年份	科技进步综合水平	科技活动投入水平	科技促进经济社会发展	科技活动产出水平	高新技术产业化水平
2002	7	10	4	9	13
2003	7	8	5	9	13
2004	7	8	6	9	15
2005	7	6	6	16	14
2006	7	4	6	19	13
2007	7	6	6	15	13
2008	7	6	7	14	11
2009	7	7	6	15	12
2010	8	8	9	17	11
2011	6	6	6	8	8

注：因测算指标、统计口径等变动的原因，致使我省"科技活动产出水平指数"在2005—2010年间出现跳跃式大幅度波动的非正常现象。

二　我省科技创新间接绩效好于直接绩效

科技创新绩效不仅仅体现在发表"论文数"、获取"专利数"、技术市场"成交额"、高新技术产业"总产值"等直接绩效上，更重要的是体现在转变"增长方式"、改善"生态环境"等旨在促进经济社会可持续发展的间接绩效上。

1. 我省科技创新投入产出间接绩效较高

据全国科技统计监测报告，我省"科技促进经济社会发展水平指数"位居全国前列，大致处于全国第6位，与我省"科技活动投入水平指数"相一致（见表2）。

需要重视的是，虽然我省"科技促进经济社会发展"指数水平较高，但在全国的领先优势却逐年减小，我省高出全国平均值从2006年的16.03%下降至2011年的6.31%。

2. 我省科技创新投入产出直接绩效较低

据全国科技统计监测报告，我省"科技活动产出水平指数"

和"高新技术产业化水平指数"在全国的位次明显落后于"科技活动投入水平指数"在全国的位次，反映我省科技创新投入产出的直接绩效与我省科技投入不匹配（见表2）。

更需要重视的是，我省科技创新投入产出的直接绩效下降至低水平处徘徊且没有好转的迹象。从R&D资源投入产出的主要指标看，除每单位投入产出的"发明专利授权量"在逐年增长外，每单位投入产出的"技术市场成交金额""高新技术产业产值""科技论文数"均呈下降趋势（见表3）。

表3　　　　　我省R&D资源投入产出的直接绩效

年份	R&D人员投入与产出比				R&D经费投入与产出比			
	科技论文数（篇/万人）	发明专利授权量（件/万人）	技术市场成交金额（亿元/万人）	高新技术产业产值（亿元/万人）	科技论文数（篇/亿元）	发明专利授权量（件/亿元）	技术市场成交金额	高新技术产业产值
2001	677	61	5.48	105	106	10	0.86	16.43
2002	715	48	4.85	97	126	8	0.86	17.14
2003	909	89	5.87	117	141	14	0.91	18.07
2004	1088	158	5.57	132	141	20	0.72	17.07
2005	1554	190	3.09	138	166	20	0.33	14.74
2006	1294	178	2.29	140	136	19	0.24	14.69
2007	1019	205	1.84	61	107	22	0.19	6.37
2008	968	251	1.87	86	101	26	0.19	8.91
2009	842	301	1.47	70	94	34	0.16	7.78
2010	883	346	1.32	74	98	39	0.15	8.29
2011	858	409	1.23	64	96	46	0.14	7.15

三　提高我省科技创新实效的对策建议

以上分析表明，我省科技创新绩效总体上与科技投入水平一致，创新绩效不佳、投入产出不匹配主要体现在直接绩效上，特别是技术成果成交额、高新技术产业产值等直接经济效益与规模不断扩大的科技投入不匹配。对此，我们建议：

1. 进一步加大科技投入，增强创新发展基础

科技投入是战略性投入，是创新驱动发展的基础条件。要进一步加大科技创新的投入，在建立财政科技投入稳定增长机制的同时，引导并支持企业主体不断加大对科技创新的投入，通过科技金融创新激励社会力量加大对科技创新的投入，努力构建多元化的科技投入体系。同时，通过优化科技资源配置，完善科技投入方式和科技管理体制，切实有效地提高科技创新绩效，促进经济社会全面发展。

2. 以市场为导向，促进科技成果转化

科技成果转化是提高科技创新绩效尤其是直接经济效益的重要手段。要坚持以市场引领创新，以应用促进发展，通过多种措施支持企业创新产品的推广应用和市场拓展；通过完善科技成果归属和利益分享机制，推动高校、科研机构职务发明成果的转化；通过科技大市场和网上技术市场的建设，为科技成果转化提供信息服务和交易平台；通过完善科技服务体系，培育一批科技服务业、中介机构和技术经纪人，促进国内外科技成果到浙江交易、转化。

3. 创新体制机制，加快高新技术产业发展

发展高新技术产业是优化经济结构、推进产业升级和转变经济发展方式的重中之重。要大胆改革，通过体制机制的创新，突破资源要素的瓶颈约束，强化土地、资金以及人才、技术等高端要素向高新技术产业集聚，全力推进我省高新技术产业的快速发展。同时，要着力推进现代服务业创新发展，大力发展基于高新技术的工业设计、现代物流、科技服务等高端服务业，大力发展文化创意、动漫游戏、数字视听等高附加值的科技文化产业。

4. 改造传统产业，提高全员劳动生产率

传统产业在我省国民经济中仍占据着很大份额，传统产业改造提升任务十分繁重复杂。对此，要采取切实有效的措施，通过大规

模推进"机器换人",通过高新技术和先进适用技术在传统优势产业中的推广应用,通过节能、安全、环保和标准等手段倒逼企业加快技术改造与装备更新,既为传统产业升级提供支撑,又为先进装备制造业发展创造市场,全面提高劳动生产率。

报告二

关于推进两个科技城
整合发展的建议

建设科技城是国际创新发展的普遍经验，是国内区域竞争的关键举措，也是我省实现创新驱动发展的战略平台。杭州两个科技城"分离"发展的现状，难以满足我省全面实施创新驱动发展战略的新要求，有必要推进两者的整合发展。

一 两个科技城发展存在的主要问题

1. 管理体制问题

我省全面实施创新驱动发展战略亟须一个承接国际高端创新要素、培育高端创新集群、带动产业转型升级的科技创新大平台。尽管我省两个科技城（杭州未来科技城、青山湖科技城）发展势头良好，但分别以余杭区、临安市为主的管理体制，不仅层级不高，而且容易造成资源分散和不良竞争等问题，从而影响科技城建设的绩效。

2. 资源整合问题

科技城是一个产业空间概念而不是一个行政区概念。一流科技城具有创新要素集聚度高、创新链条完备、创新集群规模大等特征。但目前我省两个科技城以县域行政区为主体的管理体制，在统筹发展、资源整合、政策协调等方面的能力有限，投入能力也明显不足，难以适应科技城作为全省推进创新驱动发展的战略性大平台的新要求。

3. 发展空间问题

由于投入能力不足，两个科技城都面临资金平衡问题，在考虑空间规划与布局时，真正的研发区块和科技产业化区块所占面积的比例相对较小。如青山湖科技城，总面积115平方公里，其中研发区面积仅5平方公里，产业化区面积40平方公里，发展的空间明显不足。相比之下，北京中关村、武汉东湖、上海张江、安徽合芜蚌等的面积均达到了500平方公里左右。

二 加快推进两大科技城整合发展的建议

1. 统一管理，提升层级

建立省级层面的双城统一管理体制，省市县协力推进，至少要由杭州市来统一整合两城的发展。以争创国际一流科技城为目标，从我省中长期科技资源集聚、战略性新兴产业培育和创新发展的高度，重新整体定位科技城的建设。

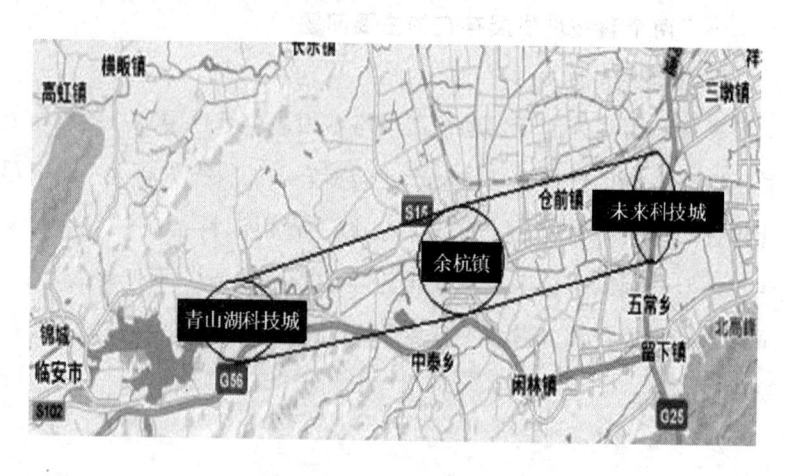

图1 科技新城

2. 统一规划，整合功能

按照全省创新驱动发展战略性大平台的思路，对两个科技城进行统一规划和功能整合。统一规划的核心思路是以余杭镇为中心，两城变一城,形成科技新城(如上图所示)。整合后的功能分工与定位是未来科技城重在科技研发,发展重点在创新链上游,集聚国内外高端创新资源;青山湖科技城重在产业发展,发展重点在创新链中下游与产业链的打造;余杭镇作为支撑科技新城发展的功能平台,是科技新城的生活商贸服务中心。

3. 统一建设,强化支撑

举全省之力打造杭州科技新城,在省域范围内进行创新资源的优化配置与空间集聚。首先,要在科技新城中集聚国内外一流的科研机构、企业研究院、高校研究生院、重点产业研究院、知名风险投资机构等高水平创新资源。其次,省市区要通力合作形成完善的政策支持体系和创新服务平台。最后,要加大投入力度,为科技创新大平台建设提供有力的资金保障。

报告三

2017年我省科技进步贡献率有望达到60%

科技进步贡献率是衡量区域科技竞争实力和科技转化为现实生产力的综合指标,是创新驱动发展战略实施绩效的首要考量指标,也是确保省委十三届二次全会做出的干好"一三五"、实现"四翻番"决策部署落到实处的关键影响因素。我们的研究表明,2017年我省科技进步贡献率有望达到60%。

一 对我省科技进步贡献率的测算

我们基于柯布道格拉斯生产函数和国内广泛采用的索洛余值法测算我省的科技进步贡献率。索洛余值法的核心公式为:

$$Y = A + \alpha K + \beta L$$

其中,Y、A、K、L分别表示经济增长速度、科技进步增长速度、资本增长速度和劳动增长速度,α、β分别表示资本产出弹性和劳动产出弹性,通常假定规模报酬不变,即$\alpha + \beta = 1$。据此,科技进步贡献率为$E = \dfrac{A}{Y} \times 100\%$,其一般测算公式为:

$$E = 1 - \alpha \cdot \frac{K}{Y} - \beta \cdot \frac{L}{Y}$$

在具体测算时,我们选择"生产总值(GDP)"衡量经济产出,"从业人员总数"衡量劳动力投入,支出法GDP构成中的

"固定资本形成总额"衡量资本投入。同时,采用永续盘存法将固定资本形成总额转化为固定资本形成净额。需要特别说明的是,对资本产出弹性（α）和劳动产出弹性（β）的取值,我们基于1996—2012年相关数据采用回归方程法估计得到。我省科技进步贡献率的测算结果如表1和图1所示。

表1　　　　　　　我省科技进步贡献率测算结果

年　份	2006	2007	2008	2009	2010	2011	2012
科技进步贡献率（%）	45.60	47.23	47.77	48.20	50.59	51.48	53.70

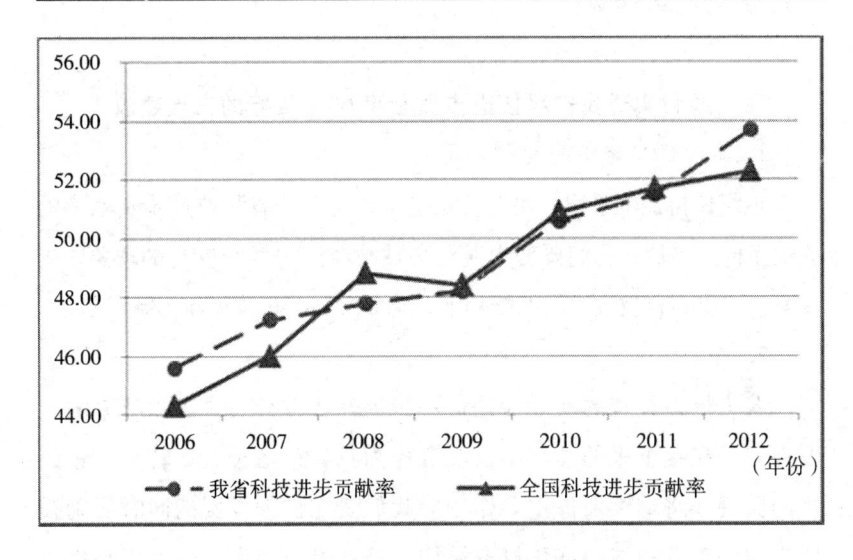

图1　我省科技进步贡献率发展趋势图

二　对我省科技进步贡献率的趋势判断与预测

1. 我省科技进步贡献率总体呈上升趋势,每年提升约1.35个百分点

测算结果表明,我省科技进步贡献率从2006年的45.60%提升至2012年的53.70%,年均提升幅度为1.35个百分点,与全国年均增幅基本相当。其中,"十一五"规划期间的年均提升幅度为1.24个百分点,"十二五"规划开局头两年,科技进步对我省经济增长的促进作用进一步显现,科技进步贡献率的年均提升幅度增至1.56个百分点。

2. 2017年我省科技进步贡献率有望达到60%

从测算公式看,科技进步贡献率的大小依赖于经济增长速度、资本增长速度和劳动增长速度,这也为我们对我省科技进步贡献率的预测提供了理论依据。以2012年为基期,只要未来五年内,我省科技进步率在原有基础上不断提高,经济增长率稳定在8%左右,全社会固定资产投资的年均增长幅度控制在2000万元之内,并且从业人员稳定在2012年水平,那么2017年我省科技进步贡献率将会达到60.04%。

三 顺利实现我省科技进步贡献率60%目标的三点建议

1. 继续保持经济平稳较快增长

继续保持经济平稳较快增长是进一步提升我省科技进步贡献率的先决条件。当然,我们要努力避免科技与经济"两张皮"的现象,提高科技产出与科技投入的匹配程度,建立和完善科技创新体制机制。

2. 着力提高投资的有效性

着力提高投资的有效性是进一步提升我省科技进步贡献率的重要保障。在接下来的几年中,投资作为我省稳增长、促转型、惠民生的关键必将继续发挥重要作用。我们要在扩大投资的同时明确投资方向和重点领域,优化投资结构,提高投资效率,着力提高投资的有效性,争取以有效投资较快增长的实际成效促进我省科技进步贡献率的进一步提升。

3. 加快推进产业升级,全面推进"机器换人"

加快推进产业升级,全面推进"机器换人"是进一步提升我省科技进步贡献率的有力措施,也是解决我省近年来出现的能耗高、招工难、人力成本高等问题的有效途径。我省具备良好的"机器换人"的基础条件,全面推进智能机器代替传统工人,实现"机器红利"对"人口红利"的成功替代必将促进劳动生产率的提高和产业升级。

报告四

关于分类优化我省重点产业技术创新体系的建议

"企业为主体、市场为导向、产学研结合"是我省产业创新体系建设的基本方向和原则,在具体实践中,应结合不同重点产业的各自特征,把握关键点,使创新体系建设工作更为有效支撑产业发展。

一 我省重点发展产业的四大类型

"十二五"规划指出,我省将重点提升纺织、轻工、建材、有色金属等传统优势产业,大力发展汽车、装备、医药等资金和技术密集型产业,择优发展石化、船舶、钢铁等现代临港工业以及重点培育发展生物、新材料等九大战略性新兴产业。根据产业技术成熟度、竞争性以及创新主体特征,我省重点发展产业主要体现为四大类型。

1. 小企业主导的传统产业:产业技术趋于稳定,产业创新多为现有成熟技术框架下的渐进性创新,如产品性能提升或工艺改进等,而且进入壁垒较低,竞争性较强,以中小企业为主。我省传统优势产业如纺织、轻工、建材、有色金属等基本上属于这类产业。

2. 大企业主导的传统产业:产业壁垒较高,尽管技术已趋于稳定,但在产业长期发展中,先发企业会因技术积累所形成的连续创新而获垄断地位，小企业难以在这类产业中获得优势，如汽车、钢铁、石化、医药、化工等产业，集中度高，规模效应明显。

3. 小企业主导的新兴产业：相比于传统产业，新兴产业技术路线尚未明确，存在多种技术路径的竞争现象。在这类产业中，小企业创新十分活跃，比如生物、信息、软件等，据经合组织（OECD）的调查，60%活跃在生物技术领域的企业人数不足50人。

4. 大企业主导的新兴产业：通常情况下，当主导技术逐步明确后，新兴产业中一些占据技术优势的小企业才会成长为大企业。但有些新兴产业体现出对传统产业基础的高度依赖。比如新能源汽车、高端装备制造、生物医药等，创新企业的相关技术经验累积以及产业协作关系对创新影响较大，在这个过程中，大企业相比小企业更具创新优势。

二 小企业主导的传统产业：完善共性技术服务平台建设

这类产业中，小企业众多，且产品同构现象明显，受制于自身规模、财力、人力，向产业链两端提升也是"心有余力不足"。面对这类产业，很难去解决单个企业遇到的问题，更多关心的应该是产业共性问题，通过为产业提供技术供给、产品设计、分析测试、验证试验、特殊装备使用、市场信息等公共服务，带动小企业改进生产工艺和产品性能，使产业整体具备向价值链高端提升的能力。因而在这类产业的创新体系建设中，政府应充分重视公共技术平台专业化和市场化运行。

三 大企业主导的传统产业：新技术改造和新产品开发

这类产业在我省有基础，但优势并不明显，关键在于和国内外其他区域相比，我省产业集中度不高，骨干企业规模偏小。对于这类产业的发展，大思路是做大做强现有骨干企业，发挥出规模优势。一是通过对骨干企业产品、工艺和关键设备的高新技术改造，降低生产成本，提高产业利润率，实现减能增值、减人增效、减耗增效。二是鼓励企业做产品链延伸,利用企业的现有市场优势,进一步开发附加值高、行业带动作用大的新产品,实现与新兴产业的有效融合。

四 小企业主导的新兴产业:加快成果转化和产业链拓展

这类产业中的创业者多源于科研院所或海归人员,核心技术研发具有高、精、尖特点,如果运作良好,小企业能快速成长为大企业,甚至带来大产业。但这类企业普遍面临两大问题,一是企业规模小,缺乏创新成果应用推广的人员、资源及能力;二是配套技术、产业基础不完备,产品性能并不稳定。如不及早解决,小企业的创新先发优势将逐步丧失。因此在这类产业创新体系建设中,政府应充分强调"单点突破",争取在短时间内帮助企业实现创新产品的市场化、规模化,在这个过程中,技术成果转化机制和本地配套体系完善应成为关注点。

五 大企业主导的新兴产业:骨干企业强化创新资源整合

对于这类产业中的骨干企业而言,更多制约来自于国内外其他大型企业的技术竞争,如果能够率先突破关键技术,企业已有的市场拓展能力将会带来企业乃至产业的快速发展。所以在这类产业中,应进一步发挥骨干企业的自主性,以重点企业研究院建设为切入点,鼓励企业根据自身特色和优势与科研院所、高校联合组建技术研发平台和产业技术创新战略联盟,围绕产业链形成创新资源的整合优势。考虑到这类产业的规模效应十分明显,政府在创新政策支持上不宜过于分散,应通过把握若干重点企业来强化产业资源整合和有效利用。

报告五

关于有效推进协同创新的对策建议

协同创新是当代科技创新的重要形式，是中央特别强调也特别适合我省省情的创新形式。协同创新的关键在于形成一套有效的整合机制，打破创新资源壁垒，促进科技与经济的深度融合。

一　协同创新：中央最重视，浙江最合适

十八大报告指出，"要坚持走中国特色自主创新道路，以全球视野谋划和推动创新，提高原始创新、集成创新和引进消化吸收再创新能力，更加注重协同创新。"更加注重协同创新，就是因为协同创新能有效整合创新资源和创新要素，打破资源壁垒，显著提升创新能力和效率。

改革开放以来，我省创造了"资源小省，经济大省"的发展模式。在实施创新驱动发展过程中，我省仍然是一个科技资源小省，而且短期内难以快速提升。如何再创一个"科技资源小省，创新发展强省"的新浙江模式，扬长避短，充分发挥我省在市场化配置资源方面的战略优势，整合国内外高端创新要素、有效推进协同创新是关键。

二　协同创新的有益探索："铭众公司"的做法和经验

协同创新的关键是形成一套有效的机制，打破创新资源壁垒，

整合国内外创新资源，构建从创意、研发到商业价值实现的全产业链。对此，位于绍兴的浙江铭众生物医用材料与器械研究院（下称铭众公司）作了十分有益的探索，非常值得借鉴推广。它以领军人物为核心，构建并依托"政产学研金用"全产业链，以市场化手段统一组织、协调和整合创新资源，实现创新驱动产业发展。

铭众公司的主要做法：

1. 坚持以领军人物为核心，系统整合国内外创新资源。铭众公司的领军人物是由多个顶级专家组成的团队，主要包括中山大学前校长黄达人教授、美国科学院院士诺贝尔生理医学奖得主哈特韦尔博士、浙江大学郑筱祥教授、中山大学常务副校长汪建平教授、浙江大学王利群教授等国内外著名专家。他们系统掌握了产业研发和生产的技术参数，并对全球相关研发、生产和销售企业非常了解。他们在全球范围内招聘一批技术、管理和营销精英人才，以开放式平台面向国内外配置各类研发和产业化资源。他们是企业的发起人和核心创新团队的召集人，也是创意、组织、整合和协调创新资源的顶层设计师，更是研发、生产和销售信息的集成中枢。

2. 坚持打造全产业链，避免"两张皮"和低附加值两大陷阱。全产业链以需求为导向，从产业链源头做起，贯穿创意、研发、生产和销售各个环节，既能有效破解科技和经济"两张皮"的现象，又可避免陷入低附加值的产业链加工洼地。为此，铭众公司整合了由政府部门、国内重点大学、国家工程研究中心、国家重点实验室、相关研究院所、三甲医院、医疗器械销售代理商、投资公司、社会接产企业等单位支撑的全产业链，并且制定了科学严格的项目筛选、技术研发、产品生产和销售流程。

3. 坚持由市场化手段主导，有效打破创新资源壁垒。铭众公司对创新产品的筛选和创新资源的整合都完全是市场化的。首先，铭众公司的成立就是以市场为导向的。领军人物通过对医疗器械产业深入的市场调研，发现该产业存在很大的市场空间和发展潜力，确定自主创新和进口替代是可行的。其次，项目的筛选也是通过前期的市场调研和风险投资机制,优先开发市场需求大的产品。最后,在项目的研发、生产和产业化环节,也是根据"承接能力够、利益谈得拢"的原则选择产品开发各环节的合作伙伴。

三 几点建议

从铭众公司协同创新的实际运行效果看,它在依托全产业链发展的同时,也带动了产业链各个环节的发展,实现了产业的整体发展;它通过整合国内外现有创新资源,缩短了产业创新发展的进程,促进了绍兴等地相关产业的转型发展。更重要的是,铭众公司的经验对于我省其他产业很有借鉴意义,它的创新模式也有很强的可复制性。

为此,我们建议:

1. 有效推进协同创新需要"捷足先登"。协同创新是创新模式的创新,是产业层面的创新,具有系统性。它带动的是一个产业的发展和兴起,形成的是一个创新型产业群,具有规模性;它缩短了产业创新进程,使地方经济率先实现创新驱动发展,具有高效性。同时,协同创新具有自我强化的趋势,呈现出"先发优势、后发劣势"的特征。因此,只有高度重视,把协同创新作为实施创新驱动发展战略的一项重要工作来抓,才能实现创新驱动发展的"捷足先登"。

2. 抓紧研究制定鼓励和培育协同创新的扶持政策。协同创新的核心是整合协调,不同于一般意义上依托实体研发机构的创新,具有明显的虚拟化特征。它和目前已有的创新扶持政策缺乏对应性。同时,协同创新的成效一般有一个启动和加速过程,不能立竿见影。因此,要根据我省产业和经济实际情况,积极创新培育和扶持政策,营造有利于协同创新的氛围。

3. 积极主动地引进国内外一流领军人物。领军人物具有很高的声誉和社会影响力,是一个领域和产业的权威,他们可以带来一个精英团队,可以整合国内外创新资源,可以打造一个新兴产业，是最具协同创新能力的科技和产业的引领者。因此，要强化对国内外一流领军人物的引进工作，既要"筑巢引凤"，更要主动出击，通过人脉资源和政策优惠等措施多管齐下把他们引进来、留下来。

报告六

关于进一步引进培育创新载体的对策建议

我省科技资源贫乏,科研物质条件指数与每万人专业技术人员数在全国位居中下。同时,以中小企业为主的民营经济创新能力偏弱。因此,实施创新驱动战略,必须突出开放式发展,充分吸引区域外的创新要素,加大引进培育创新载体的力度。

一 我省引进培育创新载体的基本情况

近年来通过"引进大院名校、共建创新载体"战略的实施,我省引进了一大批优质科技资源,并形成良好的带动效应,后发优势凸显。"十一五"期间累计引进共建了浙江清华"长三角"研究院、中科院宁波材料所、浙江加州国际纳米技术研究院等854家创新载体,总投资超过230亿元,引进科技人员1.6万多人,引进国家"千人计划"93人,省"千人计划"229人。引进成果1300多项,引进专利1500多项。国际科技合作也在稳步推进中。全省已与50多个国家和地区开展了科技交流与合作,组织实施国际科技合作项目272项,已建有24家留学生创业园、1个国家级国际联合研究中心、10个国家级国际科技合作基地、33个海外企业研发机构。

二 引进培育创新载体过程中的"三多三少"现象

虽然我省引进大院名校战略已取得重大进展,科技创新载体建设不断加快，但是从已引进创新载体的构成、创新载体的规模、创新载体的运作效率来看，存在着"三多三少"现象。

1. 国内多、国外少

国际创新资源的获取与我省经济社会发展的需求相比还有很大的差距，围绕产业发展需求的作用发挥还不够明显。主要原因在于我省缺乏引进国外大院名校共建创新载体的有效渠道，高校、科研院所和企业的综合实力不强，与世界一流知名高校开展对等科技合作与交流的条件不足。已有与国外研究机构共建的创新载体，例如浙江加州国际纳米技术研究院、乌克兰国家科学院国际技术转移中心（嘉兴）中心，大都是从高校层面、政府层面引进的，企业在国际科技合作中的作用有待加强。

2. 小的多、大的少

除了少数以政府为主引进的重要创新载体形成了规模集聚效应外，其他以企业为主体引进共建的大部分创新载体规模偏小，还不能够真正对当地主导产业和区域经济发展重要作用。多数创新载体形同虚设，无法团队式引进高层次人才，已引进的零星高层次人才也只能不定期地来创新载体工作一段时间，不利于创新载体人才队伍的稳定和创新能力的系统性、持续性建设。

3. 低效的多、高效的少

大部分非独立法人资格的创新载体在管理机制方面还欠完善，高效运作的偏少，过分依赖政府出台的优惠政策。很多共建创新载体仍沿袭传统的项目合作形式，缺乏捆绑式利益体现的运作机制。仅有少量具有独立法人资格的创新载体已经建立了面向市场、面向竞争的现代企业运行机制。

三 进一步引进培育创新载体的对策建议

1. 结合重点产业需求，加强高层次创新要素的集聚

根据我省产业发展特征、关键技术需求，重点引进一批世界500强等跨国公司来我省设立研发中心。例如组织实施中国海洋科

技创新引智园区"双百计划"和海洋经济重点领域国外人才智力引进工程，建设一批国家和省级海洋产业引智成果孵化基地。同时应加快中国科学院宁波材料所、浙江清华"长三角"研究院等创新载体的建设和发展，充分发挥其承接国际大院名校科技人才的优势，"以所引所"，并借助这些平台进一步加大国际先进科技成果的引进转化力度。

2. 构建多元化的引进模式，鼓励企业成为国际科技交流合作的主力军

支持有条件的企业进行技术寻求型的对外投资，通过独资、并购、合资、参股等方式设立海外研发机构，吸收技术溢出、适应目标市场、不断推进技术研发的国际化；在欧美等科技发达国家设立海外孵化基地，就地利用海外人才，带土移植引进技术与产业化项目，形成境内境外联动，寻求新的发展机会，谋求高层次的技术合作和引进；鼓励企业积极实施"蓝眼睛"计划，大力引进掌握核心关键技术的海外高端专业技术人才、海外高级工程师和科技创新团队；增强对企业开展国际科技合作研发和产业化的资助力度，重点支持由企业牵头引进消化吸收再创新项目和合作研究项目。

3. 建立公平兼顾效率、利益与风险挂钩的利益分配机制，提高创新载体的运行效率

着力解决创新载体人才引进中存在的诸多制约因素，如人员编制问题，给予倾斜性的扶持政策。大力推进以企业为主导的产学研协同创新模式，支持企业与大院名校通过合股投资、技术入股等股份制形式共同创办高新技术研究机构和实体。修订完善鼓励技术要素参与股权投资和收益分配的若干规定，凡职务成果在实施产业化后，应将该成果转化所得的净收益按一定比例奖励给该成果完成人和为产业化作出重要贡献的人员。鼓励从事技术研发、成果转化的事业单位高层次人才到企业工作、全程参与科技成果的产业化过程，允许其在一定年限内保留身份在原单位，并以企业股份、股权作为激励。

报告七

全面提升创新能力,推进创新驱动发展战略

实施创新驱动发展战略,全面提升创新能力是核心。要全面提升创新能力,有效构建创新平台,培育创新载体,集聚创新要素,完善创新机制,形成以企业为主体的创新体系是关键。

一 着眼于全面提升区域创新能力,强化创新平台建设

从全省的层面看,需要一个能带动全省创新驱动发展,作为全省科技创新示范中心、扩散中心的战略性平台;从各地看,也需要有一个能带动各地产业创新发展的战略性科技创新平台。要依托现有优势,整合核心资源,大力提升创新平台的层次,充分发挥创新平台的作用。

1. 推进杭州两个科技城的整合发展,打造接轨国际的战略高地

以争创国际一流科技城为目标,从接轨国际创新前沿、集聚国际高端创新要素的高度,整体定位科技城的建设,推进两个科技城的整合发展。以余杭镇为中心,两城合一城,形成科技新城。其中,未来科技城重在科技研发,发展重点在创新链上游;青山湖科技城重在产业发展,发展重点在创新链中下游与产业链的打造;余杭镇作为支撑科技新城发展的服务功能平台。建立省级层面的科技

新城统一管理体制，统一规划，统一建设。在省域范围内进行创新资源的空间集聚与优化配置，集聚国内外一流的科研机构、企业研究院、高校研究生院、重点产业研究院、知名风险投资机构等高水平创新资源。

2. 促进高新区的功能升级，建设创新驱动发展的区域性战略平台

充分发挥国家级高新区的先导示范作用。杭州高新区（滨江）要整合相关科技园区，创建国家自主创新示范区。宁波、绍兴、温州等高新区要加强国际创新资源的引进与合作、创新集群的自主培育，创建全国一流高新区，成为中心城市创新驱动发展的主平台，促进国家级创新型城市建设。加强省级高新区、产业集聚区和特色产业基地建设，推进省级产业集聚区创建高新园区，推动有条件的省级高新园区创建国家级高新区，形成高新产业和战略新兴产业发展的支撑性平台，显著提升高新区的规模、水平和影响力。

3. 加强各类区域性园区的资源整合，构建产业发展的基础性创新平台

按照大平台、大项目的要求，以培育高新园区、现代产业集聚区为导向，推进区域性各类开发区和工业园区的资源整合。围绕园区发展特点强化创新功能，引进国内外一流研发机构，搭建产业技术服务中心、工业设计中心、科技孵化器、科技金融机构等公共服务平台，建设自然资源共享、循环利用的公共基础设施。严格产业和项目准入，高效开发利用空间，走集约化发展道路。优化园区产业结构，加强区域性产业分工，培育区域行业龙头骨干企业，成为支撑区域经济发展的创新要素集聚区、特色产业创新示范区。

二 着眼于有效增强产业创新能力，分类优化重点产业技术创新体系

"企业为主体、市场为导向、产学研结合"是我省产业创新体系建设的基本方向和原则，在具体实践中，要结合我省不同重点产业的各自特征，把握关键点，使创新体系建设工作更为有效地支撑产业发展。

1. 以完善共性技术服务平台建设为重点，构建小企业主导的传统产业创新体系

小企业主导的传统产业通常产业技术趋于稳定，产业创新多为现有成熟技术框架下的渐进性创新，如产品性能提升或工艺改进等，而且进入壁垒低，产品同构现象明显，竞争性强。单个企业既没有独立提升产业技术水平的创新能力，也没有创新的激励。因此，要着眼于解决产业面临的共性技术问题，以完善共性技术服务平台建设为重点构建产业技术创新体系，并注重公共技术平台的专业化和市场化运行，通过为产业提供技术供给、产品设计、分析测试、验证试验、特殊装备使用、市场信息等公共服务，带动小企业改进生产工艺和产品性能，使产业整体具备向价值链高端提升的能力。

2. 以新技术改造和新产品开发为重点，构建大企业主导的传统产业创新体系

大企业主导的传统产业通常产业壁垒较高，集中度较高，规模效应明显。尽管技术已趋于稳定，但在产业长期发展中，先发企业会因技术积累所形成的连续创新而获得垄断地位，小企业难以在这类产业中获得优势。针对我省这类产业集中度不高、骨干企业规模偏小的现状，创新体系建设的重点是要有利于做大做强现有骨干企业。一是通过对骨干企业产品、工艺和关键设备的高新技术改造，降低生产成本，提高产业利润率，实现减能增值、减人增效、减耗增效。二是鼓励企业做产品链延伸，利用企业的现有市场优势，进一步开发附加值高、行业带动作用大的新产品，实现与新兴产业的有效融合。

3. 以加快成果转化和产业链拓展为重点，构建小企业主导的新兴产业创新体系

新兴产业由于技术路线尚未明确，存在多种技术路径的竞争现象，因此多以小企业为主导，且小企业创新极其活跃。这类产业中的创业者多源于科研院所或海归人员，核心技术研发具有高、精、尖特点，如果运作良好，小企业能快速成长为大企业，甚至带来大产业。但这类企业普遍面临两大问题，一是企业规模小，缺乏创新成果应用推广的人员、资源及能力；二是配套技术、产业基础不完备，产品性能并不稳定。如不及早解决，小企业的创新先发优势将逐步丧失。因此在这类产业创新体系建设中，应充分强调"单点突破"，争取在短时间内帮助企业实现创新产品的市场化、规模化，在这个过程中，技术成果转化机制和本地配套体系完善应成为关注点。

  4. 以强化骨干企业创新资源整合为重点，构建大企业主导的新兴产业创新体系

  大企业主导的新兴产业，技术经验累积以及产业协作关系对企业的创新能力影响较大，而小企业则缺乏创新优势。这类产业中的骨干企业，更多制约来自于国内外其他大型企业的技术竞争，如果能够率先突破关键技术，企业已有的市场拓展能力将会带来企业乃至产业的快速发展。所以在这类产业中，应进一步发挥骨干企业的自主性，以重点企业研究院建设为切入点，鼓励企业根据自身特色和优势与科研院所、高校联合组建技术研发平台和产业技术创新战略联盟，围绕产业链形成创新资源的整合优势。考虑到这类产业的规模效应十分明显，政府在创新政策支持上不宜过于分散，应通过把握若干重点企业来强化产业资源整合和有效利用。

三　着眼于集聚高端创新要素，引进培育创新载体

  我省是个科技资源小省，同时，以民营中小企业为主的产业结构，自主创新能力相对较弱。在实施创新驱动发展战略的过程中，必须进一步突出开放式发展，着眼于集聚高端创新要素，引进培育各类创新载体。

  1. 结合重点产业的不同技术特点和需求，引进高端创新要素

  创新载体的引进培育必须为重点产业创新服务。纺织、轻工、建材、有色金属等传统优势产业，汽车、石化、船舶、钢铁、装

备、医药等资金技术密集型和规模经济产业，生物、新材料等战略性新兴产业都是我省大力发展的重点产业。具体而言，传统产业重在运用现代技术提升改造，新兴产业重在关键技术的突破和全产业链的构建；小企业主导的产业重在共性技术服务，大企业主导的产业重在技术领先优势的确立和保持。要根据这些产业的不同技术特点和需求，分门别类、有针对性、定向地引进培育创新载体，提升创新载体的有效性。

2. 依托各类主体，引进培育创新载体

首先是依托企业培育创新载体。要通过提高企业和企业家的意识，强化激励机制，促进企业通过与国内外高等院校、科研院所、大中型企业合作等多种方式，单向引进或双向共建独立或非独立的具有自主研究开发能力的技术创新组织。其次是依托高校科研院所培育创新载体。要充分发挥高校科研院所在人才、科研项目、国内外学术交流渠道等方面的优势，通过各种形式搭建信息交流平台，鼓励企业与高校科研院所合作建立创新载体。最后是依托各类园区培育创新载体。要充分发挥高新开发区、经济开发区等各类园区具有的体制优势、企业优势、政策优势和技术优势等，提升对各类创新载体的吸引力。

3. 构建以企业为主体的多元化引进培育模式

充分发挥政府、高校科研院所和企业的能动作用，通过整建制引进、合作设立研发机构、委托研发等多种形式引进培育创新载体，整合国内外创新资源。在新的开放经济条件下，要特别重视和支持有条件的企业进行技术寻求型的对外投资，通过独资、并购、合资、参股等方式设立海外研发机构，吸收技术溢出、适应目标市场、不断推进技术研发的国际化；在欧美等科技发达国家设立海外孵化基地，就地利用海外人才，带土移植引进技术与产业化项目，形成境内境外联动，寻求新的发展机会，谋求高层次的技术合作和引进；鼓励企业积极实施"蓝眼睛"计划，大力引进掌握核心关键技术的海外高端专业技术人才、海外高级工程师和科技创新团队；增强对企业开展国际科技合作研发和产业化的资助力度，重点支持由企业牵头引进消化吸收再创新项目和合作研究项目。

4. 完善体制机制，促进创新载体的有效运转

从数量上看，我省近年来引进培育的各类创新载体已不算少，但也有相当一部分存在徒有形式、缺乏实效的现象。要深入研究创新载体存在的问题及其原因，采取切实有效的措施提升创新载体的效率。首先，要提供更有力的政策支持，解决创新载体运行过程中存在的诸如人员编制、职称评审、发展空间、子女升学等突出问题，使创新载体引进来，留得住。其次，要为创新载体独立研发能力或独立市场生存能力的提升提供更全面的服务，包括产业链的构建、商业模式的指导、各类要素的支撑等。最后，要构建完善的风险共担、利益共享机制，增强创新载体发展的动力。

四　着眼于优化科技资源配置，推进协同创新和创新模式创新

协同创新能有效整合创新资源和创新要素，通过推动创新主体间的深度合作，打破资源壁垒，有效促进科技与经济深度融合，显著提升创新能力和效率，是当代科技创新的重要形式，也是中央特别强调我省特别需要的创新形式。创新模式的创新是经济发展永恒的主题，更需要从战略层面上予以重视。

1. 将推进协同创新作为一项重要工作来抓

协同创新是创新模式的创新，是产业层面的创新，具有系统性；它带动的是一个产业的发展和兴起，形成的是一个创新型产业群，具有规模性。它缩短了产业创新进程，使地方经济率先实现创新驱动发展，具有高效性。同时，协同创新具有自我强化的趋势，呈现出"先发优势、后发劣势"的特征。我省科技资源相对贫乏，最需要通过协同创新来克服科技资源相对不足的约束。因此，要高度重视，把协同创新作为实施创新驱动发展战略的一项战略性工作常抓不懈，从而实现创新驱动发展的先发优势。

2. 高度重视创新模式的创新

伴随着新的科技革命和全球化浪潮，企业发展的模式与理念发生了很大的改变，逐步从资源控制向资源整合转变，从竞争盈利向合作共赢转变，从自我发展向共同发展转变，创新理念上也从要素创新向模式创新转变，协同创新、商业模式创新、全产业链以及各类网络平台等创新模式不断涌现。所谓"三流的企业做加工，二流的企业做产品，一流的企业做技术，超一流的企业做模式"，创新模式的创新是更具有系统性和战略性的创新，是未来创新的主流和重点。一个创新模式的创新带来的不仅是一个大企业，更可能因此兴起一个大产业。因此，要高度重视创新模式创新，把握创新模式创新涌现出的战略性机遇。

3. 形成有利于协同创新和创新模式创新的环境条件

协同创新的核心是整合协调，不同于一般意义上依托实体研发机构的创新，具有明显的虚拟化特征。它和目前已有的创新扶持政策缺乏对应性。同时，协同创新的成效一般有一个启动和加速过程，不能立竿见影。创新模式的创新也有很多的不确定性，对条件的要求具有多样性，也是现有的政策难以满足的。因此，要根据我省产业和经济实际情况，积极创新培育和扶持政策，营造有利于协同创新和创新模式创新的氛围。要有一套发现模式创新的机制，对于创新驱动发展过程中出现的一些新现象、新模式及时加以引导、扶持，促进其发展壮大。要特别重视领军人物的引进与培养。领军人物具有很高的声誉和社会影响力，是一个领域和产业的权威，他们可以带来一个精英团队，可以整合国内外创新资源，可以打造一个新兴产业，是最具协同创新能力的科技和产业的引领者。因此，要强化国内外一流领军人物的引进工作，既要"筑巢引凤"，更要主动出击，采取多种措施，多管齐下把他们引进来、留下来。

五 着眼于提高创新实效，优化创新的政策环境

多年来，我省科技投入的力度不断加大，在创新驱动发展方面

取得了明显的成效，主要表现在科技进步贡献率不断提高，好于全国平均水平，科技创新绩效的总体水平也处于全国前列等。但也存在创新投入产出的直接绩效不高，间接绩效进步不快等问题，一定程度上反映了投入产出的不匹配。要以优化科技资源配置方式为核心，优化政策环境，不断提升创新投入的产出绩效。

1. 优化科技资源配置的结构，突出企业的主体作用

目前，科技资源的配置存在不合理现象，突出表现在创新的过程中，包括科技人才在内的各类创新投入在高校、科研院所、企业之间配置的不尽合理，在政府部门和市场化部门之间配置的不尽合理。具体表现为"三多三少"：高校科研院所占有的多，企业占有的少；高校科研院所发挥作用的多，企业发挥作用的少；计划配置的多，市场引导的少。如我省"千人计划"大多落户在高校科研院所，而江苏等主要落户在企业。我省研发项目、发明专利等高校科研院所占有较大比重，而深圳基本上90%以上的研发、研发人员、研发经费、专利申请来自于企业。此外，在创新完成之后，创新成果的利用也不尽合理，主要体现为创新成果转化为现实生产力以及成果的流动与交易不足。因此，要及时调整科技资源配置方式和结构，在科技项目的产生、经费的分配、成果的运用、人才的引进等一系列环节，都要强调市场引导，突出企业的主体作用。

2. 调整完善成果评价机制，形成合理的科研导向

长期以来，高校科研院所因传统的成果评价体制而造成的科技经济"两张皮"现象是一个非常突出的问题，高校科研院所占有了大量的科技资源却并没有发挥与之相匹配的作用根源也在于此。要通过多种途径提倡、引导高校科研院所改革传统的评价机制，形成更为合理的科研导向。首先，要比较清晰地区分研究的不同类型并采用不同的评价标准，同时在不同的研究类型之间应用合理的配置结构。总体上，在高校科研院所的功能定位、研究生的培养结构、各类科研项目的数量结构等方面，应用研究和开发研究应该比基础研究占有更高的比例。其次，在各级政府部门掌握的科研经

费、科研项目等科技资源的分配过程中，特别是在各类学术荣誉、学术称号、学术奖项等的评审、授予和颁发过程中，也要清晰区分不同研究类型、采用不同评价标准、数量配置上赋予不同比例结构。最后，对目前各级政府部门掌握的各类科技资源，包括各种学术荣誉称号、人才工程项目、科研奖项等，进行统筹、整合和清理，明确不同的功能定位和评价标准，适当取消一些不必要的项目，慎重设立新项目，淡化科技资源的行政化配置导向，避免各种学术奖项的低水平重复和激励误导。

3. 以市场化为导向，完善促进创新的配套政策

要更加注重发挥市场需求对创新的激励和拉动作用，并从政府投入和财政支持角度完善市场需求端的相关政策。首先，在政府采购占 GDP 和财政预算的比重、政府采购的对象、高技术产品的首购、鼓励旧技术淘汰和新技术应用的限购和定向采购、共性技术和关键技术的采购等方面进行修改完善并加大力度。其次，要完善知识产权的行政管理和保护，强化知识产权的司法保护，保护好企业创新的积极性。要进一步完善技术要素参与收益分配的机制、完善企业的考核激励机制等，增强科技人员和企业创新的动力。最后，要按照企业创新和产业发展本身的规律和需求制定系统化、协调性的扶持政策，避免因为权力和资源的部门化条块分割而造成政出多门、互不衔接、协调成本高等的问题。总之，营造一种创新更有利可图、只有创新才能获得更快更好发展的市场环境，是实施创新驱动发展战略的基本要求。

报告八

"实施创新驱动发展战略,打造浙江经济升级版"研讨会综述

研讨会5月19日在省委党校举行。来自中国科学院、中国社会科学院、科技部等国家科研机构和部门,省委政策研究室、省政府研究室、省经信委、省科技厅、省发改委等省有关部门,浙江大学、浙江工业大学、浙江工商大学等省内高校,浙江铭众生物医用材料与器械研究院、浙大精益机电工程公司等创新型企业,共60余人参加了会议。主要观点综述如下。

一 深化创新认识,明确创新主旨

与会者认为,创新不等于科技创新,创新驱动不等于科技驱动,它是复杂而持续的过程,是一个系统工程,会影响社会的各个领域和层面。

创新驱动的内涵。王元(科技部中国科技发展战略研究院常务副院长)认为,关于创新驱动发展战略,在政治层面、政策层面和规划层面都需要有清晰的认识。创新需要技术发明和科学发现等丰富的生产要素,但创新不等于科技进步,也不等于科技创新。柳卸林(中国科学院大学技术创新与战略管理研究中心主任)认为,创新是一个技术生态系统的形成过程,是面向消费者需求提供完整的解决方案,是软硬件一体化的过程。沈建明(省政府研究室主任)

认为，创新驱动不能简单地理解为科技创新，不能仅仅局限在技术层面，还应该包括管理创新、体制创新、品牌创新以及商业模式创新等更丰富的内容。吕福在（浙大精益机电工程公司董事长）认为，创新不仅包含创新本身，还包括创新过程中的所有环节。

创新驱动的过程。王元认为，创新驱动既是现在进行时，更是将来进行时，不是一个能够一蹴而就的过程。它伴随着经济结构的调整、经济发展方式的转变和经济发展阶段的推进，是一个非常艰难和长期持续的过程。刘迎秋（中国社科院研究生院院长）认为，创新驱动是产业发展到需要技术替代资本和劳动的自然阶段，是由资源供求匹配的要求所决定的。姚志邦（浙江铭众生物医用材料与器械研究院秘书长）认为，尽管协同创新是一个能缩短创新周期的有效模式，但协同创新前期仍然需要很多时间进行调研和准备，需要把协同创新所涉及的各方责任和义务写成文本制度，而随后的产品创新，也是工作繁多、耗时较长的过程。

创新驱动的主旨。王元认为，创新本身是手段，不是目的，创新驱动是为了发展，创新驱动是为了更持续地创造出国民财富。柳卸林认为，创新驱动不是金钱驱动，而是通过创造，让产品和服务更具附加值，让人民更幸福。吕铁（中国社科院工经所工业发展研究室主任）认为，高质量的经济活动不仅可以获得更高的租金，还有很显著的外部性，这种活动也能够促进正反馈机制的发展和自我强化，外部性更可以促进其他经济活动质量的提升。沈建明认为，所有的创新活动，归根到底必须体现为经济发展的高质量和高效益，这是打造浙江经济升级版的意义。如果创新成果仅仅体现在论文上，仅仅局限在发明专利上，创新对打造浙江经济升级版就不具有实际意义。如何通过创新驱动推进科技成果产业化，对我省经济结构调整和增长方式转变非常关键。

二 坚持企业主体地位，增强企业创新能力

与会者认为，要坚持以企业为创新主体，是因为企业更容易把

握国内外市场需求和潜在需求，更能体现创新以市场为导向，更能推动创新驱动发展，更有利于打造浙江经济升级版。同时，要不断增强企业的创新能力，企业只有通过创新才能把握住新技术的制高点，才能在竞争中处于领先地位。

坚持以企业为创新主体。舒国增（省委政策研究室主任）认为，企业是社会财富的创造者，企业是驱动发展的创新者，企业也是经济发展内生动力的源泉。实施创新驱动发展战略，要牢固树立企业的主体地位。王元认为，创新驱动无疑应非常重视企业创新，强调以企业为创新主体，创新驱动就是为了创新能够真正进入企业，能够真正进入市场。沈建明认为，企业是创新主体，应该培育，但联系到实际，真正有能力来实施创新驱动战略的创新主体并不多。吕福在认为，选项目一定要来源于企业，来源于市场需求，如果只在实验室或高校，很难选出好项目，即便是选出来了，也往往不符合市场需求。

推动企业成为创新主体。舒国增认为，坚持企业为主体，根本的方向就是如何促进创新链、产业链和市场需求的有机衔接。工作手段上，要建立以企业为主导的产业技术研发创新体制机制，要充分发挥企业在技术创新决策、研发投入、科研组织和成果转化中的主体作用。创新主体和主力军之间的关系处理上，要发挥来自高校和科研院所等创新人才的主力军作用，要依靠知识、创新和科技的力量，真正做到与企业有机结合，促进企业研发新产品、新工艺、新材料和新技术。刘迎秋认为，当前浙江与全国其他地区情况类似，要素流动不够。要促进资源流向效率比较高的地区、流向效率比较高的产业和流向收益比较高的企业，这是促进技术进步和增加附加值的过程，是推动企业成为创新主体的抓手，也是打造浙江经济升级版的重点。

处理好企业主导与政府引导的关系。舒国增认为，政府在配置科技资源方面仍然过度行政化，资源配置的分散、重复、封闭、低效等问题还比较突出；在科技创新方面，对企业创新和创新人才也存在着要求过高、认定过多、考核过多和证书过多的问题。要做好"减权力、增活力"这道加减法,最大限度发挥企业、市场和人才在创新驱动发展战略上的积极作用。凡是市场能够有作为的,统统都交给市场;凡是社会有能力做到的,统统都还给社会;凡是企业能够自主的,切切实实的归还给企业。刘迎秋认为,提高资源配置效率的核心是市场,要通过市场机制引导创新资源流向企业。中国的经验证明,政府也能够帮助市场提高资源配置效率,但如果认为政府的参与过程可以替代市场,可以替代企业,可以完全通过政府去提高资源的配置效率,那么这种认识可能是失当的。

三 集聚创新要素,打造创新高地

与会者认为,创新人才等创新要素是企业创新发展的中坚力量,是产业升级的重要保障,是打造创新高地的核心内容。创新驱动发展,首先要集聚创新要素,没有创新要素的集聚,就难以实现创新驱动发展。

集聚创新要素。柳卸林认为,能不能吸引和能吸引多少博士、硕士,是衡量企业创新能力的一项重要指标。创新驱动发展就是向人才、向创新要生产力,现在应该强调的是人才、知识和技术,而不再是土地,也不再是有体力的劳动力。王元认为,创新是多种要素的集合,需要企业家、投融资、市场营销和创新服务等一系列创新要素资源,没有这些创新要素,就不能提高创新能力,就不能形成生产能力,就不能创造出财富。吕铁认为,发挥企业在创新中的主体地位,需要将各类科技资源、经济资源和组织资源向企业汇集,由企业来支配和统筹。姚志邦认为,创新的根本问题是如何有效地集聚和配置人才资源、与产品相关的配套产业资源以及各类资金。

构建集聚机制。吕铁认为,从"浙江制造"向"浙江创造"转换,需增强制造业对科技要素和高端人才的集聚和承载能力,是一个创新驱动和创新要素集聚互动的过程。王元认为,创新要素的汇集要以产业为抓手，"抓不住产业，就抓不住企业"，产业需要建设整条技术链。以浙江特色块状经济为例，要围绕整体产业的提升来构建集聚创新要素的运行机制，把它们打造成具有国际竞争力的企业群体。柳卸林认为，与大院名校合建技术研究所是集聚创新要素和吸引企业入驻的有效方式，以中科院与苏州合建的纳米研究院为例，该研究所吸引了全国从事纳米研究的众多企业聚集到苏州，现已成为我国纳米产业聚集和辐射高地。姚志邦认为，通过实施协同创新，也可以集聚国内外创新资源和创新要素。目前所在研究院已经集聚了生物医用材料与器械研究与应用领域的100多个专家团队，可以装配的资源已经超过3亿元。

建设创新载体和平台。沈建明认为，要加大力度统筹、整合未来科技城和青山湖科技城，使这一区域能够承载更多的高端要素，集聚更多的创新要素。柳卸林认为，企业要有足够强的研发基础设施、实验室平台、企业技术中心和研发网络等平台支持，通过与政府共建等方式建设好吸引人才的重要基础。高校和研究所也是集聚人才、集聚产业的有效载体，要吸引国内外一流高校研究所落户浙江。政府应采取措施大力支持职业技术大学，培养一批有职业技能的技术人才，为浙江企业输送实施"创新驱动发展战略"所需要的高技能员工。吕铁认为，要通过建立高层次和体制灵活的区域性技术平台，着力将各类"科学"资源转化为"技术"资源，将国内外的科技资源转化为可以为"浙江创造"所利用的科技资源。

四 探索创新模式，完善创新管理

与会者认为，创新不能局限在科技创新，还应该包括创新模式的创新、创新管理的革新和体制机制的创新。因此，要全方位地理解创新，要鼓励创新模式的创新，要探索适宜的创新管理，要协调和完善创新政策，要营造一个能有效推进创新驱动发展战略的创新环境。

创新模式的创新。沈建明认为，创新有多种模式，有原始创新、集成创新、引进消化吸收再创新等，但十八大特别强调要协同创新，创新的方式对创新驱动发展是很重要的。吕铁认为，在强化科技、服务、金融、文化创意融合创新的基础上，要创新商业模式和发展平台型企业，积极培育一批国内外知名的工业制造业品牌、产品，发挥体制创新的杠杆效应。柳卸林认为，马云的理念是通过创造一个平台，帮助其他人实现创业梦想，这样的创新模式是值得借鉴的。吕福在认为，高校和科研院所的研发成果只是项目的样机，甚至获奖的项目也只完成了项目的1/4，3/4未完成，而企业往往需要的是可直接生产的产品设计。高校和科研院所与企业之间的供需不匹配，传统的产学研合作创新模式在实际运行中是比较困难的。姚志邦认为，所在研究院之所以能在短时间里获得成功，其经验就是协同创新模式的顺利实施与运行。

创新管理的革新。王元认为，在成果转化以及企业创新中，需要一个专业管理团队的支持，需要他们帮助企业解决在融资、资本结构设计、管理团队进入、生产扩大以及市场营销等环节中可能碰到的各种问题。实施创新驱动发展战略，除了要重视科技成果和科技投入，还要重视专业化的创新管理，为企业创新提供专业化的服务，满足企业对各种创新要素的需求。吕福在认为，针对产学研合作的现实困难，企业要建立一支很强的研发管理团队，他们要有能力转化来自高校的一些基于原理的科技成果。

创新环境的营造。王元认为，政府的投资、消费、进出口和市场等政策要保持一致性和连贯性，要围绕创新驱动发展战略来设计政策。在坚持供给政策的同时，要特别重视、善于利用和科学制定需求方面的政策。无论是政府采购，还是后期补助，以及其他方面的政策，政策的制定和实施要有明确的市场信号。一旦政策有明确的市场预期，创新就会成为经济和竞争的自然结果。柳卸林认为，创新驱动还要有一种积极的创新环境，包括加强知识产权保护、尊重企业家的氛围、公平的市场经济等。刘迎秋认为，政策的制定应该围绕着鼓励市场竞争展开,就是要鼓励市场进入,大力限制不必要的垄断现象,要在鼓励、倡导、深化市场经济方面下功夫。舒国增认为,在制定创新驱动发展相关的战略规划、研究政策法规、实施标准规范和加强监督指导等方面,政府要特别注重,积极发挥作用。

后　记

　　党校是党的哲学社会科学研究机构，也是中国特色新型智库的重要组成部分。2014年10月27日，中央全面深化改革领导小组第六次会议审议了《关于加强中国特色新型智库建设的意见》，明确提出要"促进社科院和党校行政学院智库创新发展"，"地方社科院、党校行政学院要着力为地方党委和政府决策服务，有条件的要为中央有关部门提供决策咨询服务"。这一要求为党校新型智库的建设指明了方向。

　　为更好地发挥党校的智库职能，配合省委十三届三次全会的召开，并为全会决策提供参考，浙江省委党校围绕"全面实施创新驱动发展战略"这一全会主题，组织专门课题调研组开展专项研究，深入探讨制约我省创新和转型发展的关键因素，提出促进我省创新和转型发展的对策建议。同时，邀请省内外知名专家、科技企业家和相关政策部门领导等，召开"实施创新驱动发展战略，打造浙江经济升级版"专题研讨会，探讨我省实施创新驱动发展战略，推进经济转型升级的对策思路。在此基础上，形成了专项研究报告和系列决策参考报告，在省委全会召开之前陆续报送给有关省领导参阅，获得了包括省委、省政府主要领导在内的多位省领导近十次肯定性批示，一些内容被吸收采纳，发挥了很好的咨政作用。同时，部分成果还在《浙江日报》（理论版）连续两期整版刊载，产生了较大的社会影响。本书即是对上述专项研究成果的整理。这种定向决策服务研究对我们来说也是一种尝试，由于这种研究方式本身的限定及我们研究水平的局限，本书肯定存在诸多不足，恳请广大读者批评指正。

　　本书具体分工如下：导论，徐明华；第一章，徐竹青；第二章，徐蔼婷；第三章，谢芳；第四章，包海波、张默含；第五章，徐梦周；第六章，陈锦其。

作者

2014年12月于杭州